\\ 忙しい人のための //

さくさく
売れる
メルカリ術

著・中野有紀子

JN029786

インプレス

しまい込んで
使いこなせないなら
今使いたい人に
譲りませんか？

大切にしていたものが
手軽に売れて
おこづかいになったら
片づけもはかどります！

メルカリを活用すれば…
いらないものはすぐに手放せ
必要なものをお得に買える人になる！

メルカリを始める前の私は一度買ったものは、飽きても使うか、もらってくれる人を見つけるか、クローゼットの奥にしまい込んで何年も経ってからようやく捨てるかのどれかでした。ですが、メルカリで売るという選択肢が増えてからは、当分使う予定がないものは、いらないと思ったらすぐに手放すことができるようになりました。

例えば、アイテムごとに全部出して並べてみると、バッグだけでも多いときは、用途別、デザイン別に27個もありました。それぞれたまにしか使わないのに、家のどれだけの場所を占めていたのでしょう。それから使用頻度順に分けて、なくても良いものはメルカリで10個以上手放すことに成功。その後は、「どうせ飽きるし、ちょっと使うだけなら中古を買えばいいや！」と思えるようにもなりました。
また、トレンドのコンパクトなバッグとミニ財布が気になったとき、まだ使える長財布があるので買い替えるには抵抗がありましたが、「メルカリで売れるから新しいのを買ってもいいかな」と思えるように。さらに「捨てるのはもったいない」と、引き出しに溜め込んでいた歴代の財布も、メルカリで何個も売れました。

自分にとっては不要なものでも、メルカリユーザーの中には必要としている人がいるかもしれません。気軽に「ものを手放す＆おこづかいゲット」が叶うメルカリ。今の気分に合わせたものの出し入れをスムーズに行えるように、メルカリを活用すると良いでしょう。

忙しくても、初めての売り買いでも誰でも安心してできるのが メルカリ

多くの人がメルカリにハマる理由とは?

① アクティブユーザー数が多く売り買いしやすい!

取引件数
5億件
超え

月間利用者数
1500万人
以上

※メルカリ公式発表2020年2月時点

出品が
とても簡単!

② スキマ時間で不用品をお金に換えられる!

メルカリユーザーは学生に主婦、OL、社会人に加え、シニア層のメルカリデビューも増えていて、幅広い層が利用しています。求められる商品の幅も広いため、商品が売れる確率も高いのです。スキマ時間を使って不用品をお金に換えられ、欲しいものをお得に買えることが、メルカリにハマる人の多い理由。

不用品処分にメルカリを使うメリット

- 即決システムで早く売れる
- 手数料（利益）計算がわかりやすい
- メルカリ便などの利用で通常よりも送料を安くできる
- 匿名で商品が送れる
- 「ながら」でマイペースに取り組むことができる

ルールを守って
初めてでも楽しく安心して使おう

メルカリのユーザーは、お互いに誠意とマナーを持って、やり取りすることが求められています。事務局が安全な取引のためのルールを定めているため、偽物や架空商品の販売などの禁止行為・マナー違反は厳重注意されます。

取引後には相互評価システムがあるため、売り手も買い手も、みなさん丁寧な対応をされることが多いです。ごくたまにトラブルもありますが、本書でお伝えするポイントを守っていただければ、大体の場合はトラブルを回避することができます。ですので、まずは本書を通じてメルカリにはどんなルールがあるのかを理解してください。

「忙しくても賢くお得」
を叶える秘訣は
無理のない続け方をすること

メルカリアプリは、SNS並みの滞在時間を誇るそうです。売れると嬉しいし、買うのも多くの商品を一度に見ることができて、フリマやお店に出かけているような感覚で楽しめます。とはいえ、もともとの生活時間を圧迫しては続けられません。上手に時間を絞って、賢くメルカリを活用したいですよね。

本書では、忙しい方でも無理なくマイペースに続けるコツ、無駄のない出品の秘訣などを解説していきます。

はじめに

　こんにちは。「不用品。お片づけのヒント集『CureRe』」を運営している中野有紀子です。

　私は"モノ"が大好きで、モノを手放し、選び残すことが苦手で片づけ下手だった経験から、ライフオーガナイズをはじめとする、さまざまな手法を学びました。片づけ関係で読んだ本は20冊以上、大片づけ開催数10回、メルカリ総取引数は1,700件を超えました。

　私がモノを処分する上でハードルになっていたのは、精神面でした。ゴミ捨て場は近いのに、「まだ使えるのにもったいない」、「海外で買ったものだから処分したらもう買えないのではないか」、「いただきものを使わずに捨てるなんて」などと心に引っかかって捨てられなかったのです。

　ところが、この問題はメルカリを始めてから、大きく解消されました。始めてみるまでは、「不用品を人に譲るなんて」と悩むこともありましたが、いざやってみると、実際にはメルカリを通じて新しい使い手の方にお譲りできるようになり、ググッと気持ちが楽になりました。

そして、片づけもはかどりました。

　買ったときに高かったブランドもの、思い入れのあるもの、まだ使えるけど、ライフサイクルの変化で使わなくなった趣味のものなども、「他の人が使ってくれるなら」、「お金に換わるなら」と思うと手放しやすくなりました。そして、今では売るだけではなくメルカリを活用してお得に買うことも楽しんでいます。

　今回この本を通じて、より多くのメルカリ未経験・初心者の方に、どうやったら無理なくお得にメルカリでの売買を楽しむことができ、なおかつ家も片づくのかということについてお伝えできることが嬉しいです。多くの実践経験を踏まえた内容なので、随所に中級者の方にも役立つ内容があると思います。
　「こんなことまで？」というような失敗談や、すぐに使える例文集なども織り交ぜていますので、ぜひ、隅々までご活用ください。

中野有紀子

CONTENTS

 STEP 1 知っておきたいメルカリのきほん

STEP 4　しっかり売るための上級テクニック

STEP 1

知っておきたい
メルカリのきほん

01 プロフィール文のコツは 安心感とわかりやすさ

Point

☑ アイコンや名前は 頻繁に変更しない

☑ スムーズに 取引できるよう 最低限の情報を記入

アイコンと名前は親しみやすさ重視

アカウントを作ったら、まずプロフィールを完成させましょう。ユーザー名は、覚えやすく、親しみを持てる名前にしましょう。あまりに突飛で複雑な名前だと、警戒心を持たれることも。最初はシンプルでかまいません。アイコン写真も親しみやすい画像を使うようにしましょう。取引を通じてフォロワー・リピーターになってもらえることもあるので、アイコンや、ユーザー名はあまり頻繁に変えないようにしてください。

長過ぎない程度に自己紹介を入れる

プロフィールは、1,000字まで入力できますが、長過ぎると読みにくいので、最初はシンプルでOK。また、必要以上に個人情報を入れる必要もありません。ただしプロフィール文がなかったり、簡単過ぎる文だと情報不足で物足りない印象に。お互いに安心して取引ができるように最低限の必要事項を記入しましょう。洋服を多く出品する予定であれば、自分の身長やサイズを書いておくと、スムーズな取引につながります。

＼ 入れておきたいポイント ／

1 丁寧さを感じる挨拶

2 在住地の都道府県

3 自分の年代（30代、40代など）

4 対応可能な時間帯や
ライフスタイルについて

5 主な出品アイテムについて

はなまる

★ ★ ★ ★ ★ 25 　　　　　　　　評価を見る

19	**1**	**0**
出品数	フォロワー	フォロー中

2 ─ 東京在住の30代の会社員です。　**3**
4 ─ 平日の日中は仕事中のため、週末を中心に発送をさせていただきます。
お返事はできるだけ24時間以内にするようにします。

5 ─ 趣味のもの、不要なゲーム、子どもグッズなどを中心に出品していきます。
1 ─ メルカリは初心者ですが、どうぞよろしくお願いします！

◀まずはシンプルに。どんな人物像なのかわかると安心してもらえる。慣れてきたら、P.70を参考により良くブラッシュアップしよう！

02 まず覚えておきたい 通知設定と基本ルール

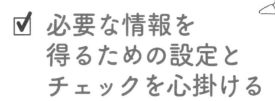

Point

☑ 必要な情報を 得るための設定と チェックを心掛ける

☑ 基本の取引ルールは 先に覚えておこう

通知は重要なものだけでOK

設定ではマイページの「お知らせ・機能設定」で必要なものだけ届くようプッシュ通知とメールの通知設定を行いましょう。スマホへの通知が多過ぎると気になってしまう人は、コメント、取引関連のみなど重要な部分だけ通知ありにするのが良いでしょう。通知を全部なしにしても、アプリ内で確認すれば良いですし、取引関連のお知らせはメールで届きます。あとは事務局からの情報の受け取り方や基本の取引ルールも覚えておきましょう。

1 メルカリからのお知らせは アプリを開いたらまず確認

出品した商品にいいね！がついた、購入した商品が発送された、などの個別情報の他にも、ユーザー全体に対し、不定期に事務局からのお知らせが通知されます。内容は、ルール変更や機能の追加など、見るべき情報ばかり。1日1回はチェックしましょう。

2 通知を上手に使って お得情報を逃さない

他にも、期間限定の割引クーポンの件、出品キャンペーンのお知らせもあります。お得な情報を逃したくない人は、通知設定で、プレゼント情報などを知らせる「アナウンス」、「メルペイからのお得な情報」をオンにするのがおすすめ。さらに「いいね！した商品の値下げ」もオンにすれば、欲しい商品の買い時を即キャッチできます。

▲年末年始キャンペーンの例。キャンペーンは不定期に行われるので上手に活用してお得を楽しもう。

＼ 覚えておきたいメルカリの基本取引ルール ／

- ☑ 値段は出品者が自由に決めることができる
- ☑ 最低価格は300円
- ☑ 商品は先着順で購入される（即購入可）
- ☑ 販売手数料は一律10%、出品者が負担
- ☑ コメント欄で質問や値下げ交渉ができ、お客様とやり取りを行える
- ☑ 出品者・購入者ともに評価がつく
- ☑ 送料込みで出品すると購入されやすい
- ☑ メルカリ便は匿名配送、全国一律配送料

03 需要があれば どんなものも商品に

Point

- ☑ 新品から ジャンク品まで 幅広く出品

- ☑ いろんなカテゴリを 見て出品アイデアを 膨らませよう

出品NG品以外は何でも売っている

2018年の調査では、1秒間に4.5品も売れているという豊富な取引数のメルカリ。まず各カテゴリでどんなものが売られているのかを見てみましょう。メルカリでは新品同様のものを求める人もいれば、使用感があっても安いほうが良いという人もいて、さまざまなものが出品されています。実際、私も10年前に使っていたスマホを出品し、それなりの価格で売れた経験があります。古いものでもヴィンテージ・ジャンク品として売れやすいです。

意外なものでも欲しい人がいる

メルカリでは年代・状態を問わず多くのものが取引されています。私の場合は、祖母が昭和初期に着ていた着物、父が40年前にヨーロッパで買ったもの、発売されたばかりの本なども売れました。使いかけのコスメ、受験勉強の書き込みが少々ある参考書、役所に取りに行くのが面倒な人向けの白紙婚姻届もあるとか。アイデア次第で売るにも買うにも活用できます！

\ え? こんなものまで売っているの? /

学校グッズのランチョンマットや
お弁当袋に使えるハンドメイド作品

産直野菜や果物、
お取り寄せグルメ

少し破れている
ブランドバッグ

片耳分だけの
ピアスやイヤホン

子どもの落書きが多い
折り畳み机

起動しなくなった
スマホやオーディオ

\ ハンドメイド作品も /

\ 使わなくなった楽器も /

補足

古いものでも
きちんと状態を伝えれば
売れる可能性はゼロではない！

04 出品NGを知って トラブルを回避

> ## Point
>
> ☑ ガイドの 「禁止されている 出品物」は必読
>
> ☑ 判断が難しいものは 出品されているかを 検索する

ガイド記載のNGルールは必読

何でも売れる一方で、NGルールもあります。メルカリでの販売NGアイテムも理解しておきましょう。NGアイテムを出品した場合は、事務局より商品削除と注意メッセージが送られてきます。注意を受ける前にルールを把握して！　詳細はメルカリガイド内「禁止されている出品物」のページに記載されているので必ず読みましょう。右ページのリストはNGアイテムの一部です。更新されることもあるので気になったときに確認しましょう。

迷ったら検索をして対策を

「これは大丈夫?」と出品に迷う心配なアイテムは、出品前にその商品が取引されているかどうかを検索してみると良いでしょう。なかった場合はNGの可能性があるので出品は控えましょう。出品してからNGに気づく経験をした方も少なくないようなので、常にNG項目については注意が必要です。

禁止されている出品物の一例

偽ブランド品、正規品と確証のないもの

開封済みまたは到着後1週間以内に消費（賞味）期限が切れる食品

使用済みの下着類 | 知的財産権を侵害するもの

医薬品、医療機器 | 許可のない化粧品類や化粧品類の小分け etc.

（メルカリガイド 「禁止されている出品物」より）

＼ ユーザーの出品NG失敗談 ／

「使用期限切れのアロマオイルと、開封済みのサプリメントはNGでした。」

「間違えて購入してしまった新品のワンデーコンタクトや育毛剤も医薬品なのでNG。」

「韓国土産としてもらったハンドクリームは国内認可品でないのでダメとのことでした。」

「タグを取って水通ししたブラジャーは未使用でも中古扱いになりました……。」

「音楽を入れたままの音楽プレーヤーは著作権の問題でNG。データを消したら大丈夫でした。」

「偽ブランド品だと気づかなかったものを出品してしまい、NGとわかりました。」

補足

注意後にも同じ商品の出品を繰り返すと利用停止になるのでNG品には注意！

05 アイテムがOKでも NGな行為に要注意

Point

- ☑ ガイドの 「禁止されている行為」 は必読

- ☑ 削除&注意された 出品、行為は 繰り返さない

無意識のペナルティ行為に注意

メルカリではスムーズな取引のためにNG行為も定められています。NG行為はメルカリガイドの「禁止されている行為」ページに記載されているのでチェックしてください。しっかりルールを理解して、取引を行うようにしましょう。禁止されている行為は行わない、行っている人には関わらないようにし、安全な取引を心がけましょう。右ページに載せている実際にあったNG行為も参考にして、注意するようにしてください。

やっちゃった！みんなが知らなかったNG行為

NG
商品の手渡しを
強要すること

「大型商品のタイトルに、"取りに来てくれる
人限定！"と書いたら、出品取り消しにされ
ちゃいました。限定はダメなのですね。」

NG
商品の出品者自身や
親族、その他関係者
などが購入すること

「友人間でメルカリ便を使って発送しよう
としたら、知り合い同士の発送はNGと注
意を受けました。LINEのリンクから購入
したためです。」

NG
他会員の写真、
文章などを
無断で使用すること

「他の人の素敵な文章や写真を使って出品
していたら、文章や写真の無断使用という
ことで注意を受けてしまいました。」

NG
実物の画像がない、
転載画像のみの掲載

「自分で良い写真が撮れないので、ネット
からの借用画像だけで出品をしていたら、
実物画像がないということで削除されてし
まいました。」

NG
ノークレームなど、
商品に問題があっても
返品に応じないと記載

「"いかなる理由でも返品交換は受けつけ
ません！"とプロフィールに書くのはNG。
万一の破損や傷の見落としなどのトラブル
に備え、書かないほうが無難です。」

（メルカリガイド 「禁止されている行為」より）

補足

**"プロフ必読！"などの
独自ルールがある人から
購入するときはトラブルに注意**

06 持ち物の価値は 時が経つ程下がる

Point

☑ 高価格なものでも 現在の価値は 低い場合も

☑ "消費期限" が 切れる前に 売るのが良い

持ち物にも"消費期限"がある！

出品前に知ってほしいのは、持ち物の価値は基本的には購入時よりも下がっているということ。持ち主からすると、高い金額で購入したものは、いつまでも価値が保たれていると誤解しがちです。例えば、大事に使った参考書、シーズントレンドのバッグなど。しかし、高かった商品でも、使っていようがいまいが、実際に売りに出すと思うような値段で売れなかったり、供給過多で最安値でしか取引されないことも。所有物の寝かせ過ぎに注意！

価値決めの目安は 所有年数×商品状態

1 購入して半年未満のものも セール価格になっている

今は通常のショップでも、頻繁にセールが行われています。春には定価で販売されていたものが、夏前には70%オフ！なんてことも。なので、継続した定番人気商品でない限り、右の図のように意外と早く価値は下がっていきます。大量生産のものを安く購入した場合は、より消費期限が早まっている可能性があります。逆に値下げをせずとも人気があるデパコスやハイブランドの商品は、価値が下がりにくいです。

2 ファッション類や本は 特に流行り・鮮度が大切

ファッションアイテムは、流行り廃りが大きく、生地や素材の劣化もあるので、購入時よりも安く売るようにしてください。本は一般的に出版してから日が経つにつれて流通量が増えて、価値が下がっていきます。改訂版が出て、古い版の情報は必要とされないことも。絵本の場合は改訂が頻繁に行われず、安定して流通していますが、大型本だと送料が高くなって利益は少なめです。服、本も鮮度が大切です。

\ ものの価値の 推移イメージ /

5年前　30,000円
で購入！

4年前　24,000円
（20％オフ）

3年前　18,000円
（40％オフ）

2年前　12,000円
（60％オフ）

1年前　6,000円
（80％オフ）

現在 1,000円が
やっとかも…

補足

デザインが定番化している 人気ブランドのものも 価値が下がりにくい

07 全所有物を仕分けて 出品物を決めよう

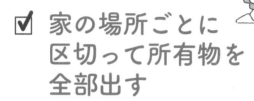

Point

☑ 家の場所ごとに 区切って所有物を 全部出す

☑ いる、いらない、 一時置きに分類

出品前に片づけ＆仕分けをしよう

出品するものを実際に選ぶため仕分けを行いますが、「仕分ける＝いる、いらないの判断をする」ということはパワーを使い、時間がかかります。効率良く出品物を見つけるなら、出品前に片づけ＆仕分けの時間を作ることがおすすめ。家の中のものを、収納場所ごとに全部出して「いる・いらない」に分けていきます。処分品を入れる大きいゴミ袋と、出品物の一時置きボックスとするケースを1つずつ用意し、仕分けていきます。

**1 各場所の奥のものまで
全部出して所有物を把握**

いつか使うかもとしまい込んでいるものも、一箇所ずつすべて外に出しましょう。棚の奥など、「奥」がポイントです。全部出すことで「あ、ここにこれがあった!」と埋もれてしまった大切なものの存在を再確認できます!

**2 必要なものは定位置に戻し
出品しないものはゴミ袋へ**

今後も必要な一軍のものは定位置に。ゴミ袋には、使えないもの、価値が低いもの、汚れているなど出品するには難しいものを入れて処分します。大きいゴミ袋を使う理由は、ゴミ袋を満杯にしたい気持ちが働き、捨てるという判断が速くなるからです。

**3 出品したいもの、迷うものは
一時置きボックスを活用**

一時置きボックスには、出品物、使うか捨てるかを迷う二軍・三軍のものを入れていきます。瞬時に「いらない」と判断するのはとても難しいことなので、一気にすべてを捨てるという判断をしないことがポイントです。

補足

場所やカテゴリごとに
仕分けると、残したいものと
不用品を判断しやすい

08 効率良く仕分けるには一時置きが大切

Point

☑ **ときめかないものは一時置きボックスへ**

☑ **一時置きの中が出品予定のアイテムになる**

今見てときめくかどうかで仕分ける

要不要を迷ったときは、アイテムを見て使えるかどうかではなく、今ときめくかどうかで判断するのがポイント。この方法は、片づけコンサルタントの近藤麻理恵さんが行っているもので、私も実践しています。ときめくものは定位置へ、ときめかないけど捨てるにはためらいがあるというものは一時置きボックスへ。いったん気軽に入れられるボックスを活用することで、迷う時間が少なく、仕分け作業がはかどります！

出品物は一時置きボックスから選ぶ

一時置きボックスに入ったものから出品物を選びますが、ここに入れるときには「絶対売ろう」とまだ決めなくてかまいません。気軽に「これも出品してみたらどうか？」という感覚で入れていきましょう。出品前に洗濯や汚れを取る必要のあるものは、さらに別のボックスに分けておくと便利です。

全部出したもの

↓	↓	↓	
使うもの・ときめくもの	捨てるもの	ときめかない・判断に迷うもの	汚れを取る必要があるもの
定位置へ	**ゴミ袋**	**一時置きボックス①** →	**一時置きボックス②**
		出品候補	出品候補

―\ **仕分けの心得・7つのポイント** /―

- ☑ 「今日はここまで！」と
毎回やる場所を決めて行う
- ☑ 手に取って、今ときめくものは残す！
- ☑ 傷みがひどく、人に譲るのを
ためらうものは捨てる！
- ☑ 捨てるにはもったいないと思うものは
一時置きボックスへ
- ☑ 当分使う予定のないものも
一時置きボックスへ
- ☑ 保証書など付属品がなくても売れそう
なものは一時置きボックスへ
- ☑ 汚れを取ったり
ひと手間必要なものは分けておく

09 アイテムごとに 出品基準を決める

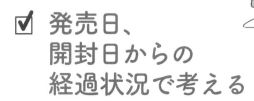

Point

☑ 発売日、
　開封日からの
　経過状況で考える

☑ 状態の良し悪し
　基準で考える

基準があるといちいち迷わない

続いて、一時置きボックスの中を仕分けていきます。アイテムごとに「この状態であれば破棄」、「●年使ったから出品」、というようなルールをあらかじめ決めておくと、今後の仕分けがスムーズに。ものはどんどん劣化していくので、期限を決めることで区切りがつけやすくなります。右ページの例を参考に、マイルールを考えてみましょう。あくまで基本的な考え方なので、人気商品は別として考えましょう。

☑ ## 服・靴
最後に着用してから1年以内。アウター、スーツは3年以内

服や靴は意外とダメージがあるもの。虫食いや色落ち、ソール剥がれなどの
ダメージがあるものや、廃れたデザインのものは処分しましょう。

☑ ## 本
発売日から3年以内

情報が更新されるものは改訂前、ハードカバーは文庫化前、新刊やベストセ
ラーは早い程良し。増刷予定がないプレミア本は欲しい人がいる場合も。

☑ ## コスメ
開封してから半年以内、開封前は3年以内

コスメも消費期限があるもの。できるだけ鮮度が良いうちに出すのが大事。
開封日、購入日は気にする人が多いので商品説明に書くと親切。

☑ ## 家電
メーカーの修理やパーツ交換が対応している期間内

アイテムによりますが目安は大体5〜7年くらい。スマホやパソコンは入れ
替えが早いので、新しいものを購入したらすぐに売るペースが良い！

☑ ## インテリア
傷みが少なければOK

家具や雑貨も経年劣化があるので、早めの出品がおすすめ。根強いファンが
いるブランドは売れやすいので、眠っているものがあればチャンス！

☑ ## アクセサリー
メンテナンスで状態が良くなるものならOK

できれば時計は電池切れでない状態、指輪などは磨いてから出品を。金属は
未使用でも劣化していることがあるので気をつけて。

☑ ## 育児グッズ
使い終わってから1年以内

育児グッズも年々改良され、新しい便利なアイテムが出てきます。状態がひ
どくなければ、使い終わった段階で早めに譲るほうが高値で売れる。

⑩ 忙しい人こそ 作業コストを考えよう

Point

☑ **手間がかかり過ぎる ものは処分を検討**

☑ **難あり品として 出品も可能**

生活の負担になる無理はしない

出品して売れたはいいけど「利益が少なく、発送がとても大変！」と、自分が無理をすると、家事がおろそかになるなど、後々マイナス作用が生じることも。例えば名前や見落としの汚れが多い子ども服は、念入りな検品が必要なわりに、安価になりがち。「出品前の手間や梱包が大変なもの」は、難あり品にするか処分するのも1つの手。忙しい人ほど、無理をしないように心掛け、譲りやすいものを選んで出品するようにしてください。

手間がかかるものは現状で出品

まだ使えるから出品したいけれど、足りないパーツを探さなくてはならなかったり、クリーニングに出さなきゃいけない手間があったりすると、一気に出品する気が失われてしまいます。このようなとき、私は現状のままを商品説明文で伝え、理解してもらえる方に買ってもらえるようにします。ありのままを正直に書くと、状態に納得した方の購入が期待できますよ。

▲どうしても焦げつきが取り切れない鍋。汚れは取るから大丈夫です！という方に無事お譲りできました。

▲汚れや傷みがだいぶある子ども用アウター。外遊び用にいかがでしょうか？と一言添えて売れました。

▲おしゃれなミニ財布は折り目に少しほつれが。ほつれはカットできるので、説明文に書いて出品しました。

▲カバーの青で囲った部分に小さな汚れがある本。本体は傷みがないけれど、細かい汚れまで正直に伝えて、トラブル回避。

補足

難あり品の場合、相場よりも少し安く出品して売れやすくしよう

"利益が少な過ぎる無理"はしない

11 売る・処分を判断する 利益の基準を決めよう

Point

☑ 手間と利益を天秤に かけて出品を検討

☑ モチベーションが 上がる利益か どうかが大事

売るか処分か、心が落ち着く選択を

一度仕分けたものの、なかなか良い値で売れなさそうな ものや、見込める売上のわりに送料が高くなりそうなも のは、かかる時間や手間と利益を比べて考えてみましょ う。売れないままずっと残っていると場所を取るし、心 の片隅に存在が重くのしかかってくるかも…! 例えば 家電ならば、粗大ごみになるよりはいいという値段で売 るか、思い切って粗大ごみシールを貼って処分するか、 心が落ち着くほうを選びましょう。

1 発送時に気分良く持っていける値段かどうか

まず、おおよその利益を計算したとき「自分が発送時に気分良く持って行ける値段か」を基準にしてください。物悲しいお片づけにならないように、あまりに安いものは捨て、譲るようにしましょう。利益が50円でも良いのか、500円以上でないと気が乗らないのか、という価値観は人それぞれ。最初はわかりにくいかもしれませんが、だんだんと自分にとって心地良い基準や感覚がわかってくると思います。

2 100円で代用品があるもの、利益が低いものは処分

私の場合、定価が1,000円以下で、送料が195円以上になるものは、たいてい捨ててしまいます。また、一時期たくさん流行ったものや、100円ショップで代用品が手に入るようなものは、メルカリで売ってもとっても安くなってしまうので処分します。価格が購入時の10分の1以下になる場合も、そこを下限価格として考えています。

補足

どうしても処分しにくいものは下取りや寄付、譲る選択を！

12 季節ものの売り時は 体感の気温変化がカギ

Point

☑ 月日よりも 体感ベースで季節の 変動を取り入れる

☑ イベント関連商品は 1〜2ヵ月前に出品

イベント商品は早めの出品が吉

季節外れのアイテムでも売れることはありますが、やはりおおまかな四季の売れ筋トレンドは、押さえておくと売りやすいです。近年は5月でも真夏日になる日もあり、季節の移り変わりも一進一退。月日にこだわらず、暑くなった、寒くなった、という体感ベースで出品する商品を切り替えるのも良いでしょう。ハロウィンやクリスマス、入学式などの行事物は早めに準備する人もいるので、イベントの1〜2ヵ月前出品を意識して。

春

家電や家具
参考書、学用品
お呼ばれ服や小物
ウェディング小物関連
祭り衣装
春ものワンピース
パンプス、スーツ、など

春休み、ゴールデンウィークは時間も
作りやすく、春もの・夏もの処分や整
理に最適の季節！ お出かけ予定と片
づけの予定を上手に組んで。

夏

夏物家電
ダイエットアイテム
甚平
浴衣や関連アイテム
水着
サンダル
夏ものワンピース、など

夏ものは単価も安く、ヘビロテや紫外
線の影響で傷みも早いので、取ってお
くより捨てるほうが早いことも。

秋

ハロウィン関連品
本のまとめ売り
スポーツグッズ
運動会アイテム
行楽アイテム
秋服
薄手のコート、など

季節感が読みにくい秋。寒くなるのが
早い地域の方がアウターを購入したり、
リゾート地に行く方が水着を購入する
場合もあるので、時期に迷っても出し
てみると良いでしょう。

冬

冬物家電
冬用アウター
ブーツ、手袋、マフラー
クリスマスプレゼントに
向いているもの
大掃除グッズ
お正月用品、など

大掃除は11月から始めて、12月頭く
らいまでに出品を終えておくと余裕を
もって年越しできます。年末ぎりぎり
だと年越し時に発送に追われてしまう
かも……。

補足

早めに衣替えや季節商品の
チェックをするサイクルを
つかめるとスムーズ

メルカリをやってて良かった！
ラッキーエピソード

まさかのプレミア品

ほぼ未使用のアート本を定価近くで売りに出したら、瞬時に即購入されてびっくり！　調べると、その作家の本は増刷がなく5倍、10倍といったプレミア価格がついていました。思わずその方の他の書籍をまた買って、今は眠らせています。高く売れるといいな。

眠っていたお気に入り

黒の長袖Tシャツをたくさん持っていたので、仕分けのために全部出し！　すると、買い溜めしていた美品のストック分を多数発掘……。ヘビロテしていた分を捨てて、美品は自分で着ることにしました。メルカリのための仕分けがきっかけとなって、片づけられることや、死蔵品を探すのも楽しいです。

高値で売るならメルカリ

あるとき年代物のグッチのバッグをブランドショップで査定してもらったところ、買い取りは1,000円と言われました。すると良心的な店主から「メルカリのほうが高く売れるかもしれませんよ」と言われて……。その後、実際に自分でメルカリに出品したら2万円超で売ることができました！

チャンスはたくさん
眠っている！

STEP
2

無理しない
「らくらく取引」のコツ

01 楽に送れる小型品で 成功体験を得よう

Point

- ☑ 薄く軽く送料が安い
- ☑ 梱包が簡単なもの
- ☑ 高額品でないもの

まずは10品選んで出品に挑戦！

仕分けたものの中から、「送料が安くて発送が簡単な薄くて軽めのもの」を考えながら最初の出品物を目標10点選びましょう。いきなり10点出品はハードルが高く感じるかもしれませんが、2時間もあれば出品を終えられるので大丈夫。10点出せば1時間で3点程売れることが多く、早く成功体験や実経験を積むことができます。質問や購入後のやり取り、梱包・発送を含めて、最初は半日程の余裕が取れる日にチャレンジしてみましょう。

無理なくできる
初心者向けの出品アイテム

＼人気のタイトルだと／
即売れ！

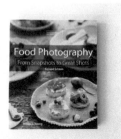

A4に収まる薄めの本、
絵本

＼小型封筒にも／
収めやすい

ポーチ、スマホケース
などの薄い小物

＼梱包しても／
厚くなりにくい

箱なしのアクセサリー

＼トートバッグが／
おすすめ！

折りたためる薄手のバッグ

＼他には…／
タグつき・新品の薄手トップス
リップやアイシャドウなどの小さめのコスメ
スカーフやストール、ハンカチ

補足

本、CD、コスメはバーコード
出品できるので初心者でも楽ちん

※バーコード出品：出品画面のバーコード出品から商品のバーコードスキャン
と商品写真を撮ると商品情報が自動入力される機能

02 出品前にやるべき 3つの準備

Point

- ☑ 出品前に情報、相場をチェック

- ☑ 検品をしてから写真撮影をする

商品情報、売れやすい時間を把握

出品物を決めたら、まず相場や商品情報を調べて準備しましょう。やっておきたいことを右ページにまとめています。また、アイテムにより出品する時間帯を意識するのも売れやすくなるポイント。育児中の方や主婦の方は平日の日中、働いている方は週末の夜遅くに見ていることが多いようです。全体的には土曜の夜は閲覧数が多くて売れやすく、金曜日の夜は売れにくいとの声も。余裕があるなら出品時間も意識すると良いでしょう。

事前にやっておきたい出品準備

**1 | 正式な商品情報と
出品相場を調べる**

出品したい商品のブランド名や品番、定価、素材、サイズ、現行モデルなのか、など正式情報を事前にリサーチしておきます。また、他の人の出品状況を調べて、同じ商品がどれくらいの値段で売れているのか、相場を知っておくと販売価格決めの参考になります。

▲ 相場を知ることで"売れる価格"の境界線もわかる。

**2 | 写真撮影、文を書く前に
検品をしておく**

見落としているダメージや汚れがないか、あらゆる角度からチェックします。難点がある場合は、写真と文章両方で伝えることを忘れずに。検品漏れがあると「商品説明に載っていない難点があった」などのトラブルに発展してしまいます。

▲ 裏面のダメージまでしっかりチェックする。

**3 | 詳細部分もふくめ
商品写真を撮る**

商品写真は10枚まで掲載することができるので、商品の細部も撮影して信頼感を上げましょう。右欄の内容は撮っておくと良いです。撮影は事前にしておくか、出品時にアプリのカメラから行いましょう。うまく撮れないときは、STEP4のP.108〜の商品写真のコツを参考に撮影してみてください。

**最低限必要な
掲載写真**

- ☑ 正面写真
- ☑ 裏側写真
- ☑ ダメージがわかる写真
- ☑ タグなど詳細がわかる写真

STEP 2

03 必要な情報に加え 手放す理由も書く

> **Point**
>
> ☑ タイトルは内容が わかるものに
>
> ☑ 商品情報＋商品に まつわるストーリー を載せる

必要な情報をわかりやすく伝える

まずタイトルは正式名や内容がわかりやすいものにしま しょう。例えば「ネックレス」だけではなく「アガット K18天然石トルマリンネックレス」と具体的にひと目で わかるように。商品の説明文には、ブランド名、サイズ、 購入時期や場所など、簡潔に必要な情報を書いていき ます。最低限の商品情報でもかまいませんが、商品にま つわる簡単なストーリーと、検索されやすくするための ハッシュタグを記載するとさらに良いでしょう。

ストーリーを加えて共感を呼ぶ

ストーリーとは「お店でひと目ぼれして買った」など商品を買ったときの思いと、「好みが変わって使わなくなった」などという今の思いについて。なぜ良いものなのに手放すのかを丁寧に書くと、共感した方が買ってくれるので、気持ちの良い取引ができることが多いです。またストーリーを通して、どこでどうやって買ったものなのかなどの情報提供にもなります。

商品情報で入れたい内容

- ☑ ブランド名　☑ サイズ　☑ 購入時期・場所
- ☑ 購入時定価　☑ 難点について　☑ 使用頻度
- ☑ ストーリー（買ったときの思い、今の思い）

商品の説明

キャスキッドソン　レザーポシェット

2年前に、東京ソラマチのキャスキッドソンの店舗で購入しました。キャスキッドソンでは珍しいリアルレザーの素材で、内側が花柄のキャンバス地でかわいいです。

レザーなので馴染みやすいです。
長財布もギリギリ入るサイズです。
当時の定価は21,000円程でした。

ピンク、レザーでお探しの方におすすめです。
直接の床置きはほとんどしていませんでしたが、底にやや黒ずみがあります。内側はキレイです。中古品にご理解のある方、よろしくお願いします。

サイズ H18cm W20cm 底18×6cm
ショルダー 長さ60〜85cm

▲販売店、購入時期、サイズ、使用感などを記入。

【匿名配送】
ステッドラー水彩色鉛筆 未開封 と水彩スケッチ入門

♡ いいね！ 3　💬 コメント 4

商品の説明

ステッドラーの24色入り色鉛筆 未開封です。
絵をしようかと思い買いましたが、本とともに全然使わず…
未使用の専用鉛筆削りもおつけします！
書籍(1,200円)も。
Amazon定価は単品2,954円
夢のあるものです。未使用のためあまりお値下げせず、買い手がいらっしゃらなかったらまた眠らせていつかチャレンジしようかなあ…

▲手放すに至った経緯を書いてみよう。

【補足】
ブランド名と商品状態選択では盛らずに正直なものを選ぶこと！

04 楽に送れる方法、日数、送料を考える

> **Point**
>
> ☑ 送料はなるべく安く収める
>
> ☑ 生活スタイルに合う便利な配送方法を選ぶ

無理のない発送方法を選ぶ

配送方法は出品者が設定できます。送料がそれぞれ異なるので、収まるサイズの中でなるべく安いものを選びましょう。発送までの日数も選べるので、忙しい人は、余裕のある設定で無理のないように。ただ、急いで買いたい方もいるので、早めの発送予定にしておくと売れるチャンスは増えます。送料負担も出品者か購入者か選択可能ですが、ほとんどの取引が送料込み価格で行われていますので、できるだけ送料込みで出品しましょう。

1 メルカリ便なら宛名書き不要！

メルカリが提携している各種メルカリ便の嬉しいところは送料が全国一律なことと、匿名配送ができること。宛名書き不要で手続きし、荷物を届けることができます。個人情報が漏れることが心配な人も安心で、手間も省けるので、好まれています。追跡や補償のサービスが標準で付帯しているのもポイント。家での作業は梱包だけでOK！ゆうゆうメルカリ便は175円、らくらくメルカリ便は195円から発送可能。

2 ポスト投函しやすいなら郵便も便利！

ポストに近い人は、時間を気にせずさっと投函できる郵便も選択肢に入れると便利です。宛名書きは必要ですが、小物を最安値で送付することができます。切手と封筒が一体となり、資材と配送料が含まれているスマートレターやレターパックは、封筒自体に厚みがあるため、梱包も楽ちんです。出先での伝票打ち出し操作や、預け入れの時間が不要なのがメリット。

◀郵便が多い人なら、住所のハンコやシールを作って都度書く手間を省くのも手。私も活用しています。

補足

それぞれの発送方法はP.140〜の配送方法&送料一覧表を参考に

05 最初は許容価格の ちょい増しで設定

Point

- ☑ 販売手数料と 送料を引いても 納得する価格

- ☑ 考えた額より 2割増し設定で スタートする

引かれる金額と商品価値から計算

販売価格を自分自身で設定できるのは、メルカリの醍醐味の1つ。設定した販売価格からは、販売手数料10％や、選んだ配送方法に応じた送料が引かれるので、自分が納得する利益が出るように設定しましょう。安くし過ぎたり、計算を誤ると赤字になってしまうので注意。STEP 1のP.22〜23を参考にしつつ、劣化状況や購入した時期から計算した商品価値も考慮して、いくらに設定するかを考えてみてください。

想定の2割増価格で出品してみよう

おすすめなのは、計算して想定した価格より2割増しに設定して出品することです。最終希望売却価格よりも高めに設定しておくと、高くても売れることがありますし、価格交渉が来た場合も値下げの余地ができます。万が一出品してから安過ぎたと気づいて値段を上げると、値上げと同時に購入されていたらトラブルになりかねません。値下げ調整のほうがしやすいので、最初は高めの設定にするのが良いと思います。

＼ 2割増しでうまくいった！ ／

◀希少価値がある海外製のカトラリーセットを出品したところ、いいね！がたくさんつき、購入価格よりも高値で売れました。

＼ 安くし過ぎて失敗した… ／

▲水通しして保管していた未使用の子ども服。出品したらすぐに売れました。新品同様だったのでもっと定価近くにすれば良かった……。

▲万年筆の価値がよくわからないまま出品したところ、良いモデルだったようで即売れ。見定めが難しいですが、もっと高めで出しておけばと反省……。

補足

早く売ることが最優先なら
最初から相場より安くするのも手

06 出品後の返信は「早くて丁寧」が大切

Point

☑ 常に個人同士の
やり取りなことを
忘れない

☑ 返信は「なる早」を
心掛ける

丁寧な対応が高評価につながる

初出品はドキドキしますよね。出品してからはその商品
が売れるまで、責任をもって店主として対応をします。
出品中は最低でも1日1回はメルカリを開いて確認する
ようにして、質問コメントを逃さないようにしましょう。
商品を検討している方のコメントを放置していると、待
たせている間に別の出品者のものを購入されてしまうこ
とも。取引評価にもつながるので、相手が気持ち良く購
入できるような早くて丁寧な対応を心掛けましょう。

こんなときはどうしたらいい？
困った事態の丁寧な対処法

1 質問が来たけど
即回答できない……

商品を見た方から質問コメントが来た
けど、仕事中や旅行中ですぐに質問内
容について調べられないこともありま
すよね。その場合は、今すぐ確認でき
ないことを説明した上で、いつ回答で
きるのかをコメントしましょう。そう
することで相手に安心してもらえ、大
体の場合、待ってもらうことができま
す。そして帰宅してから、落ち着いて
返事をすれば大丈夫です。

2 出品したばかりなのに
値下げ交渉をされた……

これから商品を見た他の方が今の値段
で購入する可能性もあるので、あわて
て大幅値下げをしなくても良いです。
この場合は「商品に興味を持っていた
だきありがとうございます。ですが、
申し訳ございません。今出品したばか
りなので、まだお値下げは考えており
ません。またご縁がありましたらよろ
しくお願いします」などと返事をする
と丁寧な印象を与えられます。

Question

いつも質問が来てあたふたしてしまう。
勝手に買ってもらえたらいいのにな……。

質問がよく来る＝情報不足が原因かも。よく聞かれることは把握して
おいて、最初から商品情報文に入れるように意識してみましょう。

07 売れた後こそ連絡、梱包、発送は丁寧に

Point

- ☑ 設定した日数以内に発送を行う

- ☑ 配送時の破損、水濡れに注意

挨拶後、期限内に発送する

商品が購入されると通知が来るので、そのまま放置せずに購入者にまず挨拶をしましょう。右ページのメッセージ例を参考にしてください。発送は自分で設定した期限内であれば、いつでも大丈夫です。たまに「〇日に使いたいので早いと嬉しいです」と言われることもあるので、可能な限り対応してあげましょう。梱包は配送方法によって資材やサイズが変わるので、P.140〜の配送方法＆送料一覧表で確認をしてから作業を行ってください。

最低限覚えておきたい梱包のコツ

梱包のときに覚えておきたいコツは4つ。「ビニール材で水濡れ防止」、「緩衝材で破損防止」、「送料を最小限に抑える梱包」、「くたびれ過ぎていない資材を使う」です。送料を抑えるために、サイズオーバーしていないかメジャーで測りながら梱包作業を行いましょう。より詳細な梱包の解説はSTEP3 P.74〜で解説しているので参考にしてください！

れんれん

初めまして。
数ある商品の中から目に留めて頂き、ご購入ありがとうございます。また発送の際にご連絡いたします。
発送は、〇〇日を予定しています。
お取引終了まで短い間ですが、どうぞよろしくお願いいたします。

9時間前

▲ 挨拶や購入のお礼と共に、発送目安を伝えておくと購入者が安心して待ってくれます。

▲ 壊れやすいものでなければ、外側は封筒や紙袋でもOK。内側はビニールや気泡緩衝材で包装すると安心。

▲ 発送方法により専用資材が必須のものも。取り扱い場所で事前にいくつか買っておくと便利。

Question

お礼のメッセージカードを同封したほうが良いの？

基本的には、取引メッセージで丁寧・簡潔にお礼をしっかり述べていれば、メッセージカードは不要です。評価に大きく関係がありませんし、時短のためにも手間は外したほうが良いでしょう。

08 発送通知と
取引評価を忘れない

Point

☑ 発送通知、
評価を必ず行う

☑ 最後にお互いの
取引評価がつく

発送通知はマストで送る

梱包を終えたら、配送方法に応じてコンビニや郵便局、ポスト、宅急便センターから発送します。コンビニの場合は端末で伝票を発行し、レジで伝票を貼って預けます。荷物の預け入れを終えたら、必ず取引画面から商品発送アイコンをクリックして、購入者に通知してください。そのままだと相手が受け取った後の評価が送れません。私は発送完了時にもメッセージを送っています。到着予定日がわかれば一言添えると親切です。

評価時にもコメントを添えて

相手から受取完了の評価が届いたら、購入者の評価をして取引終了となります。評価は、「良い・普通・悪い」から選ぶことができますが、特段問題なければ「良い」を選んで、評価コメントも添えると喜ばれます。万が一商品に不備があるなど、取引完了前にやり取りをしたい場合は、評価のコメントではなく取引メッセージで行って、解決するようにしてください。

初めまして。
数ある商品の中から目に留めて頂き、ご購入ありがとうございます。また発送の際にご連絡いたします。
発送は、〇〇日を予定しています。
お取引終了まで短い間ですが、どうぞよろしくお願いいたします。
⏱4月9日 13:11

すず♪
ありがとうございます^^
こちらこそよろしくお願いします！
⏱4月9日 18:34

れんれん
お待たせいたしました。
本日普通郵便にて商品を発送しました。
到着は〇〇日の予定です。
届きましたらご確認と評価をお願いします (#ˊ˘ˋ#)
⏱1時間前

▲ 発送されたこと、到着予定日がわかると購入者も受け取りについて意識できるので親切です。

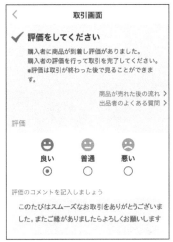

< 　　　　　取引画面

✔ 評価をしてください

購入者に商品が到着し評価がありました。
購入者の評価を行って取引を完了してください。
※評価は取引が終わった後で見ることができます。

商品が売れた後の流れ 〉
出品者のよくある質問 〉

評価

😀　　　　😐　　　　☹️
良い　　　普通　　　悪い
◉　　　　○　　　　○

評価のコメントを記入しましょう

このたびはスムーズなお取引ありがとうございました。またご縁がありましたらよろしくお願いします

▲ コメントなしで評価もつけられますが、またやり取りする可能性もあるので、一言添えるほうが印象は良いです。

< 　　　　　評価一覧

すべて　　　　良い　　　普通　　　悪い
25　　　　　　25　　　　0　　　　0

😀 出品者
あいり
この度はお取引していただきありがとうございました！また機会がありましたらよろしくお願い致します(ˊ˘ˋ)♡　　　〉
⏱ 2019/11/20 00:52

😀 出品者
すず　　　　　　　　　　　　　　　　　〉
⏱ 2019/11/10 13:37

😀 出品者
レモン
この度はありがとうございました。
またご縁がありましたら、よろしくお願い　〉
します。
⏱ 2019/11/09 02:11

◀ 評価はユーザーページに残り続けるものなので、間違った評価づけをしないように注意しましょう。

09 売上を現金化するなら なるべくまとめて行う

> **Point**
>
> ☑ 振込申請は
> まとめて行って
> 手数料を抑える
>
> ☑ ポイント・メルペイは
> 使ったほうがお得

目標売上額を目指して頑張ろう

「売上履歴」から売上金の確認ができます。いくつか売上が出たら「これまでの手間暇に対して売上は妥当かどうか?」を振り返りましょう。結果がわかりやすいので、まずは1万円などと目標金額を決めるとモチベーションが上がります!　売上金は「振込申請」の手続きで、口座振込にて現金化できます。手数料が220円かかるので、申請はまとめて行うのがお得です。また売上金の有効期限は1年間なので、失効にも気をつけましょう。

頑張れば
月間売上、数万も!

ポイント還元キャンペーンは
上手に活用しよう

売上金は、メルカリ内での買い物や「メルペイ」という決済サービスでも使うことができます。「iD」か「メルペイ」取扱いのあるコンビニや飲食店、ドラッグストアなどで利用可能。現金化は手数料がかかるので、対象店舗でメルペイを利用するほうがちょっとお得かも。またメルペイは還元キャンペーンが行われることも度々あるので、チェックしておきましょう。

＼ メルペイの利用方法 ／

1 iD決済

2 メルペイコード決済

3 ネットショップでの決済

※各対象店舗は各サービスのページにてご確認ください。

メルペイ
支払いで

補足

メルペイ専用クーポンも
アプリで確認しよう

⑩ 迷惑行為に対しても 冷静な対応を心掛けて

Q 嫌なコメントや無理な値下げ交渉を
執拗に書き込まれて困った……

A **迷惑行為をしてくる相手はブロックしてOK**

相手をブロックしてからコメントを削除してもかまいません。
ブロック後、相手はこちらにいいね！やコメントができなくな
ります。メルカリはユーザー数が多いのでチャンスはいくらで
もあります。一部のユーザーにとらわれないように気をつけて。

Q 値下げ交渉に応じて価格変更したのに、
すぐ購入してくれない……

A **1日待っても無反応なら交渉コメントは削除して**

相手がすぐ対応できない状態かもしれないので、少し待ちましょ
う。それでも購入されない場合、お値下げ交渉のコメントを削
除して、他の方も買いやすいようにしてください。メルカリでは
専用ルールはないので、他の方が購入しても問題はありません。

Q 「購入します」とコメントした人じゃない
他の人が商品を購入した。
そのまま取引を進めてもいいの？

A **メルカリでの購入は先着順なので問題なし!**

メルカリのシステムでは先着順で購入する権利があります。そ
のまま取引を進めてかまいません。

Q 購入者が支払いをしてくれない……

A 入金時期を確認し、無反応なら後日キャンセル可能

コンビニ払いなど購入と支払いにタイムラグがある場合もあります。1〜2日待っても支払いが行われない場合は、入金時期についてメッセージで確認しましょう。数日間支払いがないと取引キャンセルを実行する権利が生じます。

Q 「間違って購入したのでキャンセルしたい」と言われてしまった……

A 双方同意ならキャンセル申請ができる

困ってしまいますが、相手方と双方同意ができていればキャンセル申請が可能です。取引画面から「この取引をキャンセルする」というアイコンを押し、理由を書いて送信してください。ちなみに相手方にペナルティがつく可能性はあります。

Q 購入者から「実物が思っていた色味と違う」とクレームが入った……

A 自分に落ち度がある場合は返品後にキャンセル手続きを

基本的には個人の主観や誤解による返品は受けつけなくて良いですが、写真の情報不足などこちらに落ち度がある場合は取引完了前に返品対応をしましょう。どちらが送料を負担するか相談し、送り先を知らせて返品後にキャンセルを。

メルカリ・フル活用のすすめ

レギュラーコスメの6割はメルカリ購入

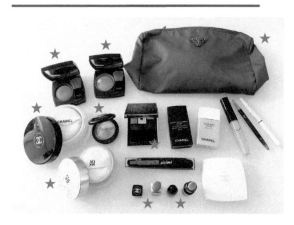

写真は私の普段のメイクアイテムです。実は6割方がメルカリで購入したもの。使い分け方としては、ファンデーションや下地は実店舗で買い、アイシャドウなどポイントメイクは、メルカリで状態の良いものが安く売られていないかを探します。合わなかったらメルカリで売ることもできるので、高いデパコスを気軽に試せるチャンスです！（★はメルカリ購入品）

育児グッズはメルカリでも人気

私は2児の母で、現在年の離れた3人目の出産準備中です。その経験から言うと、育児グッズの使用期間は限られていて、もったいない！　メルカリを上手に使うと、必要品を安く買え、不用品は売れるので、成長に応じてものが増えがちな育児中の片づけも効率的に行えます。私が実際に取引したものだと、トリップトラップの子ども椅子を汚れありでお譲りし、逆に美品のマクラーレンのベビーカーを購入できました。メルカリはママ達の強い味方！

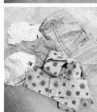

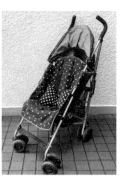

あれもこれも
メルカリでゲット！

STEP **3**

ひと工夫で
売上アップを目指す！

01 ひと手間かけて 売上アップに挑戦

Point

☑ **詳細な状態チェック、説明が必要**

☑ **送料と売上の計算を しっかり行おう**

難しいもの程より確認が大事

初心者向けアイテムの出品に慣れてきたら、次は採寸が難しいものや大きいもの、梱包が難しいものなどにもチャレンジして、出品数を増やしていきましょう。商品タイプが変わると、検品するべき部分も変わるので見落としに注意です。液漏れや消費期限の確認、動作チェック、細かい採寸など、しっかり検品をすること。また、サイズが大きく、送料が上がるものもあるので、価格と送料を計算して、利益を出せるようにしましょう。

慣れてきたら挑戦したい
中級者向けの出品アイテム

\ 動作の確認を /
行おう

小型家電

\ 液漏れしない /
梱包を

高さ・厚さのあるコスメ

\ 消費期限を /
チェック

食料品や健康食品

\ ダメージは /
よーく確認！

靴、ブーツ

\ 他には… /

使用感がある服、採寸が難しい服
スマートフォン、ガジェット類
大きめのバッグ

補足

購入時の箱や付属品が
あると価値が上がるので
あればつけましょう

02 出品後しばらくしたら価格を見直してみる

> **Point**
>
> ☑ 部分値下げで
> 　目に留まりやすく
>
> ☑ 値下げ交渉に
> 　応じるのもあり

購入の決定打は価格にあり

出品に慣れてくると「出品したけどなかなか売れないもの」が出てくると思います。そのような商品をどうしたら良いのか、改善策をパターン別にお伝えしていきます。よくあるのは、いいね！がついたのに売れ残ったままということ。いいね！の数が多いのは、即決はできないけれど商品関心度は高いという表れです。しかし踏み切れない原因は価格かも？　購入への一番大きな決定打は価格にあるので、まずはそこを見直してみましょう。

販売価格の見直し方

1 お得感のある 値段に設定する

同類の出品物と比べて、出品している
アイテムに著しく高い値段をつけてい
ないかをまず確認しましょう。相場を
見て売れそうな値段に修正を。その際
に990円、1,880円などお得感のある値
段に設定すると効果的です。

▲3,000円よりたった10円安い2,990
円でも印象が大きく変わる！　お客
様の心をくすぐる値段に。

2 部分値下げをして 再チャンスを狙う

10％など一定額を値下げすると、商
品にいいね！をしているユーザーに通
知が届く他、新着画面に表示されやす
くなります。多くの人が見ている夜や
通勤時間帯などにチャレンジしてみて
ください。出品数が多ければ「まとめ
て値下げ」機能を活用すると便利。

3 値引き交渉に応じる 柔軟さを持つ

出品直後は値下げを断っても良いので
すが、しばらくしても売れない場合は、
応じるのも手。値下げ交渉は、コメン
ト欄に書き込まれるか、家電などカテ
ゴリによっては値下げオファーが通知
で届くので確認してください。売れる
価格＝市場価格。値下げ機能で価格を
見直しながら、売り切りましょう。

※オファー機能は2020年10月にサービスを
終了しています。

▲値下げオファーの承諾は24時間以
内にしないといけません。

03 買い手の立場で 商品情報を考える

Point

☑ 商品の状態・情報が より伝わる 文章にする

☑ 情報や魅力が伝わる 写真を加える

商品アピールをしっかり伝える

いいね！がつかない場合は、商品の魅力が伝わっていないのかもしれません。情報が不足していたり、写真の枚数が少なかったりしていませんか？　タイトル、テキスト、写真の情報を見直して充実させましょう。商品について質問が来た内容は他の人も知りたいことなので、回答後に商品情報文に追加してください。また、検索で出やすくなるよう、メーカー名、商品名、類似品名、カテゴリ名などを追記してチャンスを狙いましょう。

お客様を惹きつける写真にする

商品検索をすると、ズラッとアイテム写真が並んでいます。自分が掲載している写真は、一覧で見たときに魅力的ですか？　売れない原因は、お客様が写真で惹きつけられていない可能性も。写真の明るさなどを調整したり、いろんな角度や部分をとらえた写真を追加したりしてみましょう。説明が必要な写真は、それについて商品情報文内に書いておきましょう。

▲使用感が出やすい裏側・底面の写真があると、より安心。

▲タグは内容が見えるように撮ると定価や素材がわかりやすい！　内容をテキストにも書くとなお親切。

↑ボールペン跡

▲細かい難点はわかりやすく工夫して、内側もしっかり見せる。

補足

文の修正例はP.72〜、
写真の修正はP.108〜の解説も
参考にしてください

04 需要が高まる 時期、売り方を狙う

> ## Point
>
> ☑ 売れやすい季節を 考え直してみる
>
> ☑ セット売りで 商品のお得感 をアップ

今売れる商品なのかを考える

情報も写真もしっかりしているのに、いいね！はつかない
し、閲覧数も伸びない……それはニーズがないのかも。
ものは良いのに売れない場合は季節外れが考えられる
ので、売り時をしっかり考えましょう。また100円ショ
ップなどで手に入るものは未使用でも売れにくいですし、
超高級品はメルカリユーザーに刺さりにくいことも。単
価が安く、単品で売れにくいものはセット売りに切り替
えるなど、売り方も再考してみましょう。

出品の仕方を切り替えたほうが良いパターン

1 │ **季節感のあるものは**
出品時期を切り替え

自分が手放したいものと、ユーザーが欲しい時期は異なる可能性があります。売り時を逃してしまったものは、そのまま売れる時期を待っても良いですが、シーズンまで取っておいて再出品するほうが、反応が良いのでおすすめ。季節別の売れる商品はSTEP1のP.34〜を参考にしてみてください。まれに旅行先や衣装などで使えそうなものは、季節外れでも売れることもあります。

▲ シーズン小物や服は、売る時期を見極めたほうがより早く売れる。

2 │ **単品でダメなら**
セット売りに切り替え

単価が安過ぎて、これ以上値下げできない場合は、類似品とのセット売りを考えましょう。1つ1つだと割高に感じるものも、まとめることで送料分安くすることができますし、手間も減らせます。単価が安く、複数購入される可能性がある類似品をセット売りすると良いでしょう。子ども服、髪飾り、資材、文房具、本、マンガなどのセットがおすすめ。

▲ 冊数が多いとお得感が高まる!

補足

時間があるときに、出品した商品を少しずつ分析して対策を練って実行してみましょう!

05 再出品で購入層の目に留まる確率をアップ

Point

- ☑ 再出品をすると新着上位表示に出る

- ☑ トップ画像を工夫し売れやすい時間帯に再出品すると良い

埋もれないための再出品

何週間と待ってもなかなか売れない商品は、類似商品の中で埋もれてしまっているかも。時間が経ったもの程、検索時の表示順位が下がってしまいます。例えば出品から1週間経って「プラダ 財布」と検索したら、表示が100番目になることも。そうなると閲覧数が急激に伸びることはありません。ユーザーの目に留まりやすいように、思い切って再出品するのも売り切りを狙うコツです。

再出品時にブラッシュアップしたいポイント

1 写真上に「売り」をテキストで入れる

いいね！や閲覧数があきらかに足りない商品は、写真にひと工夫を。一覧でトップ画像を見てから商品詳細へ飛ぶので、写真で情報が伝わるほうが有利です。トップ画像の中に「未使用」、「130㎝」、「新品」などの情報を写真の余白部分に入れると、見てもらえる確率が上がります。たくさんの情報ではなく、一番のポイントを見えやすく入れましょう。文字入れ加工は、メルカリアプリでもできます。

38サイズ

今期新色
美品

▲ひと目で商品の魅力がわかるとお客様も思わずクリックしたくなる！

2 アイテムのユーザー層を考え売れる時間帯に出品しよう

購入層のユーザーが見そうな時間帯を意識して再出品するのも大事です。私もかつて、20代女性向けのデザインのネックレスを平日の日中に出品したことがありました。売れる自信があった商品でしたが、OL層では見る人が少ない時間帯だったので、すっかりスルーされてしまいました。しかし、土曜日の23時頃に再出品すると、1時間以内に売り切れ！　時間によって反応が違うので考えて再出品しましょう。

25歳
OL
女性

補足

マンガやゲームは深夜、育児用品は平日日中か夕方、OL向けは22時以降が狙い目

「この人から買いたい」と思わせる文章にする

Point

☑ プロフィールも
たまに見直して
充実させよう

☑ 堅過ぎず、ラフ過ぎ
ない言葉を選ぼう

情報の充実が取引のカギになる

慣れてきたら、プロフィール文を充実させると、よりスムーズなやり取りにつながりやすくなります。たまに見直す程度で構わないので、ときおりブラッシュアップしましょう。やり取りの文も淡泊になり過ぎていないか見直してみてください。また、ユーザー名部分も活用してみましょう。名前の後ろにセールや割引などの伝えたい内容を入れておくとアピールにつながります。右の例や他のユーザーを参考にして、入れてみましょう。

伝えたいことを
名前に加える

AAAA◎
引っ越しSALE中

BBBB☆
おまとめ割引有☆
断捨離中

CCCC♡
週末タイムセール

DDDD★
@月@日まで発送
お休みいただきます

文はわかりやすく、丁寧に

プロフィール文と返信文の添削例をいくつか取り上げます。プロフィール文は自己紹介に加え、取引ポリシーを丁寧に書いておくと良いです。コメントの返信文は他のユーザーも見ているので、淡白にならないように補足もして丁寧に答えることで、好印象となり購入される可能性が上がります。

プロフィール例文①

Before

メルカリを始めたばかりの初心者です。どうぞよろしくお願いします。

After 対応時間や発送方法について書いておく

北海道に住むOLです。平日日中は勤務時間なので、お返事が遅くなることもあるかと思いますが、1日以内にお返事するように心掛けています。梱包の資材は、再利用することもあります。発送までのお時間は、2〜3いただきたいです。商品の受け取りは、夜間が多くなります。気持ちの良いお取引を心掛けていきますので、どうぞよろしくお願いいたします。

プロフィール例文②

Before

中古品につきノークレームノーリターンでお願いします。

After 取引の希望を丁寧に書く

商品に不明点がある方は納得いくまでご質問をしてくださったら、可能な限りお答えしますので、よくご確認いただきご購入くださいませ。送料込みのお値段設定をしていますので、大幅なお値下げ交渉はご遠慮ください。

商品への質問例文

Before

着丈を教えてもらえますか?

After 検討していることをきちんと伝える

こんにちは。こちらの商品の購入を検討しています。お手数ですが、着丈を教えていただけますでしょうか?当方身長が高めなので、参考にさせていただきたいと思います。お手すきのときによろしくお願いいたします。

質問への返信例文

Before

47cmでした!

After 検討してもらえたお礼も伝える

商品をご検討いただきましてありがとうございます。バッグのベルトを採寸したところ、ベルトの穴を最大にした場合で47cmでした。短めにすると、35cm程度です。ですので、普通体型の方であれば、斜め掛けも、肩掛けでも使うことができると思います。A4サイズは入るのですが、柔らかい素材なので、荷物が重くなる場合は適していないかもしれません。ご検討いただけましたら幸いです。

07 使い方が思い浮かぶ 商品情報文にする

Point

☑ 最低限の情報＋ 使用感も書く

☑ 実際の活用法を 想像させる内容に

おすすめの活用法も書いてみる

慣れてきたり、忙しい中で文を書いていると、つい適当な情報文になってしまいがちなので、注意しましょう。P.42〜で記した通り、商品情報文は手放す理由などのストーリーもしっかり書いておくほうが信頼されます。さらに一歩踏み込んで、自分が思う活用法や、どんな人におすすめなのか、これはないけどこうしたら使えるなどのフォローを加えるともっと良くなります。右ページの例文を参考にしてみてください。

活用法など細かなフォローが喜ばれる

商品情報例文①

Before

ハンドバッグです。肩から掛けることもできます。中古品のためご理解ある方お願いします。

After 入手元も具体的で
活用法もわかりやすい

2017年に約32,000円で購入し、半年くらい使用したレザー製のハンドバッグです。新宿●●で購入しました。イタリア製の●●というブランドです。手提げと斜め掛けの2wayで、ショルダーベルトは取り外しができます。
サイズは 縦●●cm、横●●cm、幅●●cm A4サイズが悠々入り、スリムに見えます。角に擦れがありますがまだまだお使いいただけると思います。私は荷物が多くなってしまったので使うことが少なくなってしまいました。お色はキャメルに近いです。年間通してご活用いただければ幸いです。

商品情報例文②

Before

フリーサイズです。

After どんな人向きの
アイテムかわかる

サイズはフリーサイズとありますが、ゆったりしているのでマタニティ用としてもご利用いただけるかと思います。
レースが華やかで透け感もあるワンピースなので、結婚式の二次会やお食事会などにもいかがでしょうか?
TOCCAやジルスチュアートがお好きな方にもおすすめです。
サイズは素人採寸ですが、
着丈約74cm、身幅約42cm、肩幅約67cm、袖丈約58cmです。
伸縮性はありません。身長165cmの私が着てひざ丈くらいでした。ご参考にされてください。

商品情報例文③

Before

2018年秋に購入した長財布です。半年ほど使用しました。主観ですが、目立つ汚れはありません! よろしくお願いします。

After ダメージについて
具体的に理解できる

2018年秋に●●にて購入しました。それから約半年間、毎日使用しました。カードを利用することが多いため、小銭入れ部分の汚れは少ないです。新年を機にお財布を買い換えましたので、ご希望の方にお譲りいたします。
角すれやファスナー部分の金属の傷は少しありますが、目立つ汚れはありません。状態はお写真でご確認ください。また、濃い色なので、汚れも目立ちにくいです。型崩れも少なく、まだまだお使いいただけるかと思います。
サイズは、●●×●●×●●cmです。購入時の紙袋、箱、保証書をおつけします。

商品情報例文④

Before

3年前に購入して、使用していた子ども用のいすです。送料の都合上、解体してお送りします。

After 不足物についての
フォローもばっちり

3年前に購入し、1年半ほど使用。その後、納戸で保管していました。発送の際には解体してお送りします。汚れは可能な範囲でふき取りましたが、まだ一部取り切れていないところがあります。写真でご確認ください。
組み立て説明書は処分してしまいましたが、メーカーのホームページからダウンロードできるようなので、そちらをご覧いただいて組み立てていただくことが可能です。六角レンチと予備のネジもおつけします。汚れを気にされない方、ご自身で組み立てができる方にお譲りできればと思います。どうぞよろしくお願いいたします。

08 過剰よりもシンプルで安全な梱包がベスト

Point

☑ 配送中の破損や
水濡れを防ぐ梱包を

☑ 商品を守りつつ
薄く・軽く仕上げる

相手をヒヤヒヤさせる梱包はNG

慣れない梱包が不安という方のために、簡単な梱包の
コツをお伝えします。お客様は商品が無事に届けば満
足してくれますが「壊れそう、濡れそう」などヒヤヒ
ヤする状態で届くとガッカリして低評価がつく場合が
あります。最低限の安心安全を守ることを大切にしま
しょう。でも不安だからと言って、何重にも包む丁寧
過ぎる包装は開封するほうも大変です。送料を安く済
ますためにも、できるだけコンパクトにしましょう。

揃えておきたい梱包資材

内側、外側で商品を保護して発送時の汚れや破損を防ぎましょう。資材や備品は、100円ショップやコンビニ、メルカリ内でも買えます。梱包する前に商品サイズをメジャーで測り、P.140の配送方法＆送料一覧で送料を確認してから梱包方法を決めてください。

1 | 内側の資材＆梱包備品

\ すぐ作業できるように /
セットにして置いておこう！

汚れ、水濡れを防止：OPP袋、大きめのポリ袋、ショップバッグ
破損を防止：気泡緩衝材、新聞紙
作業の必需品：メジャー（定規）、カッターナイフ、はさみ、ガムテープ、セロテープ

———

OPP袋は空気を抜いて封をすれば厚みを抑えられ、なおかつパリっとした質感で商品の「きちんと感」を演出できて優秀！ 気泡緩衝材はしっかり保護できるので必需品です。

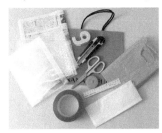

2 | 内側資材の代用品

汚れや水濡れを防止：チャックつきポリ袋、紙袋（きれいであれば再利用でもOK）
破損を防止：ペーパーナプキン、通販でついてくる緩衝材（再利用）

———

商品を守れてキレイなものであれば、キッチンペーパー、サンドイッチパックなども活用できます。通販で購入したときについてくる緩衝材は、取っておいて再利用するのがおすすめ。

3 | 発送に必須な外側の資材

専用資材：（左上から）レターパック資材、スマートレター資材、宅急便コンパクト資材、ゆうパケットプラス資材
その他資材：段ボール、茶封筒、紙袋

———

外側資材は再利用でもかまいません。専用資材はコンビニ、郵便局、宅急便センターなどで購入できます。レターパックやスマートレターは、資材代に郵便代金が含まれていて、そのまま発送できるので便利です。

① 洋服

衣類は破損リスクが少ないですが、厚みが増して送料が跳ね上がることに注意！　送付サイズを意識して、無理なくできるだけコンパクトに包んでください。古着でもくたびれた印象にならないよう、しわに気をつけてキレイにたたみましょう。

空気を抜いて薄くする！

カットソー

薄手のカットソーは生地をぴんと伸ばしながら丁寧に折りたたみます。A4封筒で送る場合は、A4のOPP袋に収まるように縦横比を意識して。OPP袋の空気を抜けば厚さが抑えられ、送料オーバーを防げます。

▲無駄なしわができないよう、生地を伸ばしながらたたんでいく。OPP袋に収まるサイズを確認しながらたたむ。

▲形が崩れないように袋に入れたら、端から圧をかけて空気を抜き、封をする。封筒に入れ、ガムテープで閉じる。

生地のふんわり感を残して！

アウター

コートやセーターなどの厚みが出る衣類は、無理に厚みを抑えないようにしてください。型崩れやボタン欠けなど、服の傷みを招いてトラブルの元に！　ふんわりとビニールで包み、紙袋か段ボールで梱包しましょう。

▲入れる袋や箱に合わせて丁寧に折りたたんでいく。無理に押しつぶさず、ふんわり感を残すのがポイント。

▲たたんだアウターをビニールの袋で包む。つぶさないようにしながら段ボールに入れる。

わかりやすい！アイテム別梱包ガイド

② 靴

靴は購入時の箱に入れるか緩衝材で包んで、丁度良く収まるサイズの箱に梱包しましょう。汚れがある場合は落として、水濡れや型崩れしないよう緩衝材で包んでください。購入時の箱や付属品があれば商品と一緒に送付すると喜ばれます。

\ 段ボールで /
\ 型崩れ防止！ /

スニーカー

型崩れしにくいタイプのスニーカーなら緩衝材で包んだ後に紙袋に入れて送るのも良いですが、段ボールで発送したほうが、お客様により安心していただくことができます。靴紐はキレイに結んでから梱包するとベストです。

▲靴紐を整えた後、片方ずつ気泡緩衝材で包んでいく。全体をしっかり覆ったら、テープで留める。

▲もう片方も同様に緩衝材で包む。両足揃えて入れるか、片方が上下逆さになるようにして段ボールに収める。

\ ヒールの部分を /
\ ぴんと張る！ /

パンプス

ヒールの部分がたるまないようにして、緩衝材やビニール袋で包み、繊細なヒールをしっかり守りましょう。三角形になるように全体を包み、左右の靴を上下逆さになるように段ボールに入れれば、スマートに収まります。

▲片方ずつ気泡緩衝材で包む。緩衝材がたるまずにぴんと張るように靴全体を包んで、テープで留める。

▲もう片方も同様に緩衝材で包み、箱の長辺側に靴底が合うように、左右それぞれ段ボールに収める。

③ バッグ

トートバッグなど、折りたたみができるバッグはたたんでOPP袋やビニール袋に包めば、封筒や紙袋でも送付することができます。折りたためないタイプやブランドバッグは、型崩れしないように段ボールに入れて送るのがおすすめです。

金具の故障にも
注意しよう

ハンドバッグ

型崩れが心配なバッグは、ふんわりとビニール素材の緩衝材で包み、段ボールに入れて送ると安心です。ベルトやタグがついているものは、金具が傷つかないように外したり、内側にしまって送るとより丁寧です。

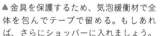

▲金具を保護するため、気泡緩衝材で全体を包んでテープで留める。もしあれば、さらにショッパーに入れましょう。

▲形が潰れず、大き過ぎないサイズの段ボールを選んで入れる。隙間には軽く緩衝材を入れると良いです。

きれいに
折りたたもう

リュックサック

リュックサックや旅行カバンなどの大きなものは、きれいなポリ袋で包んで防水対策を。折っても大丈夫なものは折りたたみましょう。中をしっかりビニールで包めば、外側は大きめの紙袋などを利用してもかまいません。

▲ショルダーストラップなどがグチャグチャにならないように整え、半分に折りたたむ。大きめのポリ袋に入れる。

▲ポリ袋をテープで留めて、サイズの合う紙袋か段ボールに入れる。隙間があれば緩衝材を軽く詰める。

④ アクセサリー

年齢の変化に応じて好みや似合うアイテムが変わりやすいアクセサリー。身に着けるものですし、気持ち良く次の方にお譲りできるようにしましょう。箱や保証書がある場合はつけ、小さいものでも丁寧に梱包するのが大事です。

**厚紙か薄紙を
活用しよう**

箱なしアクセサリー

箱がないアクセサリーは、柔らかい紙に包むか、厚紙に穴を開けたり、切り込みで固定すると、型崩れやチェーンのもつれなどを防ぐことができます。イヤリングやピアスは金具の破損に気をつけてください。

▲厚紙に切り込みを入れて留めると絡まり防止に。

▲厚紙に穴を空け、それぞれのピアスを穴に通して固定。気泡緩衝材で包んでテープで留める。

▲OPP袋に入れ、空気を含ませるようにして袋を閉じる。資材に入れて両端をガムテープで留めて固定し、封をする。

**箱ありでも
水濡れ・
破損には注意**

箱ありアクセサリー

ケースの中に商品をしまい、箱の高さに応じて段ボールやコンパクト資材などの箱に入れて発送します。厚過ぎる場合はフタを取るなどしてもOK。保証書などの付属品も含めて、水濡れや汚損に注意しましょう。

▲ケースに商品を入れ、ショッパーと共にOPP袋に入れて閉じる。ケースとショッパーを分けることで厚さを軽減。

▲商品を入れたOPP袋を気泡緩衝材で包み、テープで留める。コンパクト資材の箱に入れて封をする。

⑤ コスメ

コスメは、新品も、使いかけもメルカリでは取引されている人気商品。液漏れやひび割れなどの破損に注意して発送しましょう。横に倒して発送することで液漏れのリスクがある場合は、縦置きになるよう梱包＆注意書きして発送すると無難です。

\ 緩衝材で /
割れを防止

アイシャドウ

ケース入りコスメやペンシル系は、小さくて壊れやすいので、きちんと緩衝材で包みましょう。厚みが出過ぎると送料に影響が出るので、サイズを測って確認しながら梱包するのがおすすめです。

▲全体を気泡緩衝材で包んでテープで留める。ゆるくならないように商品をぴったり包むのがポイント。

▲袋に入れる前にメジャーなどで、厚くなり過ぎていないかを確認。サイズに合う封筒か資材に入れて閉じる。

\ 液漏れしない /
方法を考えて

スキンケアコスメ

スキンケアコスメは、ビニール袋と緩衝材で包んでから箱もの資材に入れましょう。特にボトル系は割れやすいので気をつけて。チューブのクリーム系コスメは圧がかからないようにするなど、液漏れに注意を。

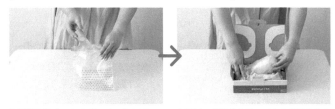

▲液漏れ防止のためジップつきのビニール袋に入れる。ビニールを丸め、全体を気泡緩衝材で包んでテープで留める。

▲資材に緩衝材を敷いてから商品を入れる。中央に商品が来るように入れ、隙間がないように緩衝材を詰める。

⑥ 本

A4に収まる薄手の本ならビニール材と封筒の梱包のみで安く発送できるので、手軽に梱包できます。特に水濡れに注意し、角などが折れないようにして梱包しましょう。

水濡れと
折れ曲りに
注意！

ハードカバー本

内側は必ずビニールで保護し、外側資材はサイズにより選びます。厚いものは宅急便コンパクト、大きなものは定形外郵便や宅急便がおすすめ。

▲本をOPP袋に入れて閉じ、緩衝材を一巻きする。厚さを確認して、封筒かコンパクト資材に入れて封をする。

⑦ 小型家電

小型家電は、商品箱がある場合は箱に入れ、箱がない場合は、緩衝材に包んで破損や水濡れをしっかり防ぎましょう。コードはきれいにまとめておき、包む際に電源プラグで本体を傷つけないように気をつけてください。

破損が
心配な部分を
意識して包もう

ヘアアイロン

本体の先端やクリップなど壊れやすい部分や、電源プラグに注意して、緩衝材で包んで保護しましょう。電源コードはゴムなどであらかじめまとめておくと梱包しやすいです。

▲気泡緩衝材で商品を包む。本体にぴったり沿うようにしてテープで固定する。

▲紙袋に入れて保護し、段ボール箱に入れる。隙間があれば緩衝材を詰める。

⑧ キッチン用品

キッチン用品は割れやすいものも多く、形もさまざまなので、破損しないように梱包しましょう。隙間がないように緩衝材を詰めると、部品や商品同士がぶつかることによる破損も防げます。さらに宅配業者に割れ物指定をして発送すると安心です。

カップの内側までしっかりガード

ペアマグカップ

カップは、内側と外側両方に緩衝材を巻くと安心です。余裕をもって段ボールに入れるようにしましょう。箱の中で動かないように、隙間にも緩衝材を入れること。お皿がある場合は、緩衝材で1枚ずつ包みます。

▲気泡緩衝材をたっぷり使い、カップを1つずつ包む。外側、内側までしっかり梱包してテープで緩衝材を留める。

▲緩衝材を敷いた段ボールに商品を入れる。商品同士が中でぶつからないようにし、動かないように緩衝材を詰める。

液漏れや圧迫に気をつける

ドレッシング

液体系食料品は液漏れ、圧迫に気をつけて梱包してください。ボトル用品の場合は、1本ずつしっかり気泡緩衝材に包みましょう。つぶれやすい、割れやすい食品の場合は、高さのある段ボールでの発送が安心です。

▲商品を寝かせて気泡緩衝材を巻きつけるように包む。1つずつしっかり緩衝材で保護してテープで留める。

▲商品をコンパクト資材に入れる。隙間に緩衝材を詰めて、商品が動かないようにして封をする。

\ フタと鍋の間の
スレも防止する /

フタつき鍋

フタつき鍋は、フタをひっくり返して鍋に入れ、フタの持ち手の破損を防ぎましょう。また、鍋は重さがあるので箱の中でズレないように、段ボールの幅を切って、丁度良い幅に調整しておくのがおすすめ。

▲フタをひっくり返して、鍋とフタの間に気泡緩衝材を挟んでスレを防止。鍋全体も気泡緩衝材で包んでテープで留める。

▲段ボールに商品を入れ、幅が合うように段ボールをカット。鍋に合わせて幅を詰めて、ガムテープで留める。

⑨ おもちゃ

おもちゃは、商品が入っていた箱がある場合はその箱を利用し、ない場合はコンパクト資材か段ボールなどの箱類に収納して送るのが良いでしょう。どんなサイズのものでも、中身が配送中に痛まないように梱包しましょう。

\ 小さいものでも
1つずつ包もう /

ミニカーセット

いくつかまとめてセットで売る場合でも、1つずつ商品を梱包して、商品同士の破損を防ぎましょう。緩衝材で包んだものをOPP袋などでまとめると、箱の中でバラバラにならないので良いです。

▲おもちゃ1つ1つを気泡緩衝材で包んで、テープで留める。

▲包んだおもちゃを1つのOPP袋にまとめる。サイズの合う資材に収める。

⑩
中〜大型
商品

中〜大型のものは、気泡緩衝材をたっぷり使って商品を保護し、サイズの合う段ボールに入れましょう。丁度良い段ボールがない場合は、切って詰めたり、段ボールを組み合わせて箱を作ります。崩れたり、不安定にならないようにテープで補強を！

▲組み立てた箱はガムテープでしっかり補強。

縦長段ボールで保護して

傘

縦に長い傘は、広げた段ボールを巻きつけるようにして梱包するのがおすすめ。先端や持ち手の傷みやすい部分は厚めに緩衝材で保護しましょう。細長いので、配送時は割れ物扱いにすると安心です。

▲商品全体を気泡緩衝材で包む。特に傷みやすい先端部分が心配な場合は、緩衝材を足してしっかりガード。

▲広げた段ボールを傘に合わせてカットする。商品を包むような形で段ボールに収めて、ガムテープで留める。

緩衝材がたるまないように包む

スツール

椅子の形に沿うように気泡緩衝材でしっかり保護。脚が細い場合は、脚にそれぞれ緩衝材を巻くと良いです。なるべく隙間のできない段ボールに入れてください。縦置きか横置きかは、造りによって安定するほうを選んで。

▲気泡緩衝材をたっぷり使って商品全体を包む。ぴんと張るように緩衝材で包むのがポイント。

▲大型の段ボールに収める。隙間がある場合は緩衝材を詰めましょう。高さがあるタイプは横置きに入れて安定させる。

発送で役立つ3つのアイデア

1 複数の商品を発送する場合 送り先の間違いに注意！

発送先違いは致命的なミス！同じような梱包で複数の商品を出すときは、封筒や箱に発送番号の4桁、商品内容などを小さくメモしておきましょう。内容と伝票を照らし合わせられるので、レジや窓口で慌てずに済みます。

▲複数発送するときは資材に商品名や発送番号などをメモしておく。誤発送を防止！

2 発送元は生活動線の中で 便利な場所を選ぶと時短に

朝に出すのが楽なのか、職場近くのコンビニが良いのかなど、自分の生活動線から発送元を考えて、負担の少ない方法を選びましょう。無理なく発送できることが継続していくためのポイントなので、送料の差だけで発送方法を決めず時短を意識することが大事です。

3 重たいものも楽々！ 集荷システムも活用

らくらくメルカリ便は、ネコポス以外なら、集荷を依頼できます（大型以外は手数料30円がかかる）。重たいものや複数商品を発送するときも楽ちんです。土日も対応してもらえます。伝票を発行したり、レジに並んだりする手間が省けるのも時短ポイント！

09 余計な出費、手間を抑えてお得にお買い物

Point

☑ **メルカリなら手間が省けて買い物ができる**

☑ **安値だけに惑わされない選択を**

価格が安いこと以外にもメリットが！

メルカリを上手に活用して買い物をすると、さまざまなメリットがあります。以前、会員制スーパーで購入した品を追加購入したかったのですが、店舗に行くとなると半日以上はかかってしまいます。さらにガソリン代や外食代もかかるので、実は商品代とは別に数千円も使うことに……。しかし、メルカリを使えば、家にいながらピンポイントに欲しいものが買えて自宅に届くので、余分な出費や手間を抑えられます。

絞り込みでお得な商品を見つける

私は検索時、絞り込むために「送料込、新品／ほぼ未使用、予算上限」を指定して探しています。「やや傷や汚れあり」で検索すると安いものが増えるので、お得に買いたい！という方におすすめ。また、検索では類似品が表示されることも。例えば「ダイヤモンド」で検索してもジルコニアなども出てきてしまいます。安値だからと飛びつくと、失敗の恐れがあるので慎重に。念のため下限金額を設定すると安心でしょう。

\ 買って良かったアイテムたち /

▲ 付属品もきれいで10回しか使われていない自動床拭き機。売上金と割引クーポンで、定価よりも約1万円お得に購入できました。

▲ 自家菜園の野菜のまとめ売り。いろいろな野菜を詰め合わせてもらえるので、楽しいです。野菜やフルーツがお得に買える！

◀トートバッグは持ち手が汚れやすいので、レザー製のカバーを購入。気分によって色違いをつけ替えられるので気に入っています。

失敗談 お得品が罠だった……！

「18金ネックレス、500円、新品」とお得な品が目に留まり即購入。しかし、発送通知が来た後も商品が届かない……。事務局に相談して取引中止にしました。後から見るとそのユーザーは商品を送ったことにして架空取引で売り上げようという悪質ユーザーで、取引件数も0件だったのです。安過ぎる商品は念のため注意して！

10 直近の取引評価が相手の信頼度を示す

Point

☑ 直近に悪い評価が多い人は注意

☑ プロフィール文に違和感がある人は避ける

最初は取引評価がわかる人から買う

メルカリでは、出品者と購入者に対する相互評価システムがあります。購入を検討している商品の出品者の取引評価は、一度見ておきましょう。90%以上の方が良い評価をつけているのであれば、ほぼ安心。とはいえ、お互いに出品は素人ですし、お店のような完璧な対応はできないもの。過去に悪い評価がある人でも、現在改善しているかという姿勢や、直近の取引評価を重要視するようにしましょう。

> プロフィールや商品情報を
> 参考に相手を見極めよう

1 | **商品のデメリットも
書いているほうが誠実**

加工し過ぎな写真や、言葉だけで「美品」や「本物」と書いてある場合は注意。しっかり写真を見て購入してください。商品の難点を隠して、良い点を盛り気味に売っている人もいます。私も美品と書いてあるものを購入したのに、美品ではなかった経験があります。後で出品者評価を見たら、他にも何件か同じようなコメントがありました。最初から気づいていたら！と反省……。

2 | **独自のルールや違和感がある
ユーザーには注意**

中には「プロフ必読」、「購入前にコメントください」などの独自ルールがある人もいます。トラブル防止のためにも、ちゃんと相手のプロフィール文や商品情報文にルールが書いていないかを確認しましょう。NG行為である「返品禁止」などと書いてある人は、トラブルが起きやすいので特に注意。また、交渉中の商品とわかっていながら無言で購入することなども、できるだけ避けるほうが良いです。

補足

不安なときは質問をして
相手の対応も確認した上で
購入しよう

11 商品はじっくり検討し 交渉するのも手

Point

☑ 検討リストで
商品を見比べる

☑ 迷ったときは丁寧に
質問や交渉をする

いいね！と新着通知でじっくり検討

検索して気になる商品を見つけた場合、いいね！を押し
ましょう。いいね！を押したものはリスト化されて見る
ことができるので、商品を見比べて吟味できます。また、
希望する商品が売り切れている場合や出品数が少ないと
きなどは、検索条件を保存して新着出品通知を受け取
りましょう。先着順で売れてしまうので、新着通知が届
いたら早めにチェックして、お買い得品を逃さないよう
にしてください。

迷ったら出品者へ質問や交渉をしよう

商品に興味はあっても「汚れについてもっとしっかり見てから決めたい」、「予算オーバーだからもう少し安くしてもらいたい」など購入に踏み切れない場合があります。そんなときは、質問や値下げ交渉をして自分の希望に近づけましょう。下記のようにステップを踏んで丁寧に聞くと相手の心象も良くなり、交渉・取引がしやすくなります。ただし、交渉中でも購入は先着順なので注意。

＼ 質問・交渉の基本ステップ ／

1 唐突にならないよう
　　まずは挨拶から入る

2 冷やかしではなく、購入意思や、
　　検討中であることを
　　はっきり相手に伝える

3 値下げ交渉をするならば、
　　値下げ希望額や予算を伝える

4 対応してもらえたら、
　　感謝を伝える

5 購入するか、今回は見送るかを
　　丁寧に伝える

補足

値下げや質問の対応は
善意であって義務ではないので、
一方的にならないように注意！

12 良い取引を目指し 丁寧な対応をする

Point

☑ **メルペイも上手に 活用して支払い**

☑ **買う側も 評価されるので 最後まで丁寧に**

キャンセルはできない心構えで

焦って購入した後から質問をしたり、購入の取り消しを希望するのはマナー違反です。事情があり、相手の了承を得ることができれば取引中止にできることもありますが、これは迷惑行為にあたり、事務局からペナルティの警告があることも。購入するときは、しっかり吟味して！ サイズは合うのかなど、よく確認してから買うようにしましょう。いざ購入した後は丁寧なやり取りをするように心掛けましょう。

支払い方法と取引完了までのポイント

1 支払いにはお得なメルペイも活用しよう

現在の支払い方法と手数料については右のリストを参考にしてください。コンビニ／ATM払いを利用する場合は、購入後に取引メッセージで入金予定を伝えて出品者を安心させてください。また、メルペイはキャンペーンなどを不定期で行っているので、チェックして、ポイント残高がある場合は優先して使いましょう。「メルペイスマート払い」なら翌月末に後払いも可能です。

支払いの種類	手数料
売上金 （メルペイの残高）	無料
クレジット カード決済	無料
コンビニ／ATM払い	100円
キャリア決済	100円
メルペイスマート払い （翌月払い）	残高利用は無料、 それ以外は300円

2 購入時も評価がつくので最後まで丁寧さを忘れない

購入後は、出品者の方向けに挨拶を送りましょう。忙しそうな方には、「急ぎませんので」など一言添えると喜ばれます。相手から何かあったときにメッセージが届く可能性もありますので、購入後もたまにメッセージを確認するようにしてください。商品到着後は、確かに商品が届いたことと内容を確認してから、一言コメントを添えて受取評価をしましょう。

> **補足**

個人対個人のやり取りであることを忘れない！　それが気持ちの良い取引へつながる

買い物時のトラブル対策

13 事務局にも相談して 冷静に解決を目指そう

Q 購入した商品が
なかなか届かなくて不安……

A **追跡確認をしつつ遅過ぎる場合は出品者に確認を**

メルカリ便なら追跡番号で到着目安を確認できます。普通郵便
は日数がかかることが多いので待ってみましょう。日数を過ぎ
ているのに発送通知が来ない場合は出品者に問い合わせを。配
送事故が起きていそうな場合は、話し合いで解決を目指します。

Q 説明文や写真よりも
ひどい状態のものが届いた……

A **あきらかにひどい状態の商品は返品可能!**

相手に交渉をして、返品の手続きを取りましょう。返品が確認
された後に、ユーザー同士で取り消し処理を行います。万が一、
相手が返品を受けつけない態度を取った場合は、実際の商品写
真を撮った上でメルカリ事務局に相談してみてください。

Q 買ったものが偽のブランド品だと判明!
どうしたらいい?

A **偽物である根拠を元に返品手続きを行う**

偽ブランド品の販売は禁止行為です。絶対に受取評価をせず、
出品者に連絡をしてください。偽物だと判断した根拠を伝え、
返品の手続きをしましょう。返信がない場合は事務局に取引状
況を連絡し、間に入ってもらってください。

Q 購入商品についている匂いがきつい……。
情報に間違いはないけど
どうにかできない?

A 主観の判断による返品は難しいので、出品者に相談を

匂いは個人の主観になるので、匂いだけが原因での返品は難し
いです。洗濯などで消臭できず、使用できないレベルであった
場合は出品者に返品について相談してみるのが良いと思います。

Q メルカリで買った服のサイズが合わず……。
またメルカリで出品しても大丈夫?

A 利益の上乗せにならない値づけでの出品ならOK

「試着したら合わなかった」というときは出品してもかまいませ
ん。出品時に正直に理由を話して、活用していただける方に
お譲りしましょう。その場合、転売のように著しく高値にする
のは禁止なので、常識の範囲で値づけをしましょう。

Q 購入品の重量オーバー分の送料を配送業者
に請求された。どう対応したらいい?

A 受取拒否か不足分の振り替え処理をお願いする

通常は、重量オーバーの場合は差出人に戻されるのですが、た
まに受取人に請求されることがあるそうです。この場合は、受
取拒否をするか、不足分を支払った上で相手と事務局に報告し
て、不足分の振り替え処理をお願いしましょう。

みなさんは気をつけてほしい……
うっかりエピソード

きれいにするはずが生乾き……

白いキッズ用のダウンベストを出品し、売れた後に汚れが気になって自宅で洗濯にチャレンジ。すると中まで乾くのにものすごく時間がかかり……あげく、到着時には生乾きで、「カビたらどうしようと思いました！」と、がっかりされてしまいました。良かれと思ってやったことが失敗に……。

見落としていた名前入り……

出品した水着に子どもの名前が書いてあったのを見落としており、購入者さんからの指摘で初めて気づきました。お詫びしたところ「お安く譲ってもらったのでいいですよ」と言っていただき、助かりました。それ以来、出品する商品は、より注意して検品するようにしています。

宛名のない封筒をポストへ……

郵便ポストにメルカリ使用の茶封筒を間違えて投函してしまったことがあります。宛名も私の住所も書いていない状態……。後で気づき、慌ててポストに書いてある郵便局に電話をして、事情と詳細を伝えたところ、発見されて返却してもらえました。お手間をかけてすみませんでした！

失敗はつきものだけど
注意しましょう

STEP

4

しっかり売るための
上級テクニック

01 高額品や大型品は「信頼感」を大切に

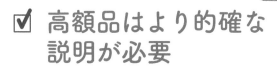

Point

☑ 高額品はより的確な説明が必要

☑ 送料が高くなる大型品は配送方法を要検討

難易度の高い高額・大型品に挑戦

メルカリに充分慣れてきたら、割れやすいもの・大型品・高額品・ブランドものなどの幅広い出品に挑戦しましょう。これらは、高額なため商品状態の的確な説明が必要、送料がかかるため値が上がる、頑丈な梱包が必要、しっかりと検品する必要がある、という点で難易度が上がります。手間がかかって出品が難しいものは、売れると利益が大きいですし、特に大型品なら部屋もすっきり片づくので、売れたときの喜びは倍増しますよ！

しっかり売っていきたい
上級者向けの出品アイテム

\ 梱包は1つずつ
丁寧に！ /

食器などの割れ物
▲ 発送時は割れ物指定を。破損しないようしっかりと梱包を行おう。

\ 高値出品を
目指そう /

ブランド品、
時計、ジュエリー
▲ ブランド品など高価なものは本物の証明やシリアルナンバーを確認！

\ 重いものは大型便で
発送 /

大型家電
▲ 動作確認をして情報文に書き込もう。送料もあらかじめチェック。

\ 検品、ケアは
しっかりと /

アウター、スーツ
▲ 汚れやすい袖、襟、裾、内側はよく検品すること。

\ 他には… /
大きめのおもちゃ／子ども服／家具類

補足

高額商品の発送は事故の補償が
あるメルカリ便を使うのが安心！

02 値引きなどを活用して リピーターを作る

Point

☑ フォロワーや リピーターに 特典を作る

☑ お得なまとめ買いを おすすめしてみる

特典でリピーター購入を狙おう

一期一会のメルカリでの出会いですが、お客様をリピーターにできれば、売れやすさは段違い！　フォローをしてもらえれば、新たな出品時にフォロワーへ通知がいきます。自分好みのものを出品している人の商品は、またチェックしたくなりますよね。そこで、まとめ買いをしてくれる方やフォロワー用に、特別値引きやおまけをつける特典を行うなど工夫してみてください。お得なほうがフォローをしてもらいやすくなります！

商品が売れた際のスマートな「まとめ買い」への促し方

1 まとめ割引を提案してみる

購入後のメッセージで、「他にもこういうものを出品しているので、気になるものがあれば、購入商品と同梱できるので送料を割引する」ということを伝え、まとめ買いをおすすめしてみましょう。特に、同じサイズの服や似たような系統のアイテムを出品していれば、気に入っていただける可能性は高く、「お得になるなら買おうかな」と検討してもらえるチャンスです。

> てんぷら★おまとめ割引します！★
>
> ご購入ありがとうございます！明日の午前中に発送予定です。どうぞよろしくお願いします。
> よろしければ他の出品中の商品でご興味あるものがありましたら教えてください。
> 同梱できるので、送料分お値下げさせていただきます☆

▲ 発送予定について伝えつつ、まとめ買いへ促す。特に自分の商品に複数いいね！をしている人には効果的。

2 希望品を専用画像にし送料を割引した価格に変更

まとめ買いを希望されたら、希望商品を「〇〇様おまとめ分」と名前を変えて、割り引いた金額に再設定します。値下げをしたら、速やかに購入してもらいましょう。2つの商品を1つの荷物で発送するため、まとめ買いされた商品の発送方法は「未定」に設定しておきましょう。そうして商品をまとめて送ったら、最初の購入商品と、まとめ買い商品の2件分の発送通知を押して購入者に連絡をしてください。

〇〇さま おまとめ

▲ 商品一覧ではタイトルが出ないので、画像でもおまとめ品とわかるようにするのが親切。

補足

各種値引きや特典についてはあらかじめプロフィールに書いておくとスムーズ

03 テーマのあるセットで お得感&単価をアップ

> **Point**
>
> ☑ テーマを考えて
> セットを組む
>
> ☑ お得感を演出し
> 高値を狙う

独自のセット商品を作ろう

単品だと手間や送料がかかって売りにくい単価が安いものや、売上の幅を広げ高単価を狙うなら、商品を組み合わせて、テーマ性のあるセット商品を作って商品価値を上げるのも手。例えば、新しく趣味を始めた人が喜ぶ「ビギナーセット」、コーディネートが完成する「デート服セット」など、お得さを感じるものや福袋のような詰め合わせもgood。ただし、不用品の押しつけにならないよう、人気がないものや傷みが激しいものは避けましょう。

セット売りのアイデア

出品予定物を見ながら、アイデアを練ってみましょう！　インナーや無地Tシャツなどの定番の服は、色違い持ち需要があるので、同じサイズでまとめた「カラバリセット」というセットができます。また、まとめ買いの需要があるキッズ用品は、同系統のおもちゃでまとめたり、「120〜140cmサイズ女児服」などと成長に応じて使える子ども服セットが喜ばれます。

▲女性人気の高い「フランス」をテーマにした本のセット。1冊ずつよりも売りやすくなる！

▲雰囲気のあるアンティークのティーセットは、高値でも一式揃う形で販売すると喜ばれる。

▲人気キャラのグッズは集めるのが大変なので、中古でもまとめ売りが好まれる。

▲個々だと安価で売りづらいヘアアクセサリーも、同じ系統でまとめて売ればお得感アップ！

Question

セットで出品したのにばら売り交渉をされた場合は?

断る場合は「一度にお譲りできる方を優先したいので単品販売はお断りしています」と伝えます。対応できる場合は送料、手数料分などで割高になっても良いかをたずねましょう。場合によっては、セットの残り分が売れ残ってしまう可能性もあるので注意。

お店を作る感覚で

04 統一感のある品揃えや 限定セールも効果的

Point

☑ 比較しやすい
商品の並びにする

☑ 限定セールで
売り切りを目指す

まとまりのある品揃えで見やすく

アパレルショップがやっているような売り方も効果的。例えばお店の「売り」をわかりやすくすることや、限定セールなどです。お店＝出品者の特徴を伝えるためには、同価格や同じカテゴリの商品で並ぶように出品するとわかりやすくなります。子ども靴の後に高級ブランドバッグ、その後に子ども服……などとバラバラに並んでもダメではないですが、他の商品を検討していただく上で、似たものがまとまっているとより親切です。

期間限定セールで一気に売る！

余裕がある週末や休日を利用して、商品の一斉値下げをするのも手です。「週末セール」、「タイムセール」と題してお得さをアピールしましょう。特にいいね！が多くついている商品はビッグチャンス。新しく多くの人に見てもらうなら、閲覧数の多い土曜夜帯に行うのがおすすめです。「週末セール中」とプロフィールやユーザー名に記載するのも良いでしょう。

\ 期限がわかる文章で /
お客様を惹きつけよう

商品情報欄例文①

たくさんのいいね！をありがとうございます。売り切りたいので、明日まで2,000円オフです！

商品情報欄例文②

お値下げしました。 明日のお昼には出品を取り下げますので、ご興味がある方はこの機会にぜひご購入ください！

補足

値下げを上手に行い
在庫の一掃を狙おう！

05 効率良く出品できる 月間・週間テーマ

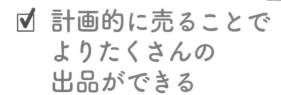

Point

☑ 計画的に売ることで よりたくさんの 出品ができる

☑ 集中して仕分け、 出品が行える

強化カテゴリと期間を決めて頑張る

たくさんの不用品を整理したい場合、「いつ、何のカテゴリアイテムを売るのか」を先に計画立てるのもおすすめです。テーマを決めて取り組むことで、「集中しやすく作業がはかどる」、「同じカテゴリ品のまとめ購入が期待できる」、「処分の期限を決めやすくなる」などのメリットがあります。例えば引っ越しまでの2ヶ月間や、半年から1年かけて考えても良いでしょう。手帳や右ページのリストに書き込んで計画してみてください。

カテゴリの強化月間・週間を計画してみよう

いつ、どのジャンルを集中してやるかをシートに書き込んでみましょう！

【月間例】
3月　キッチン用品、学用品　出品
4月　洋服、バッグ　出品
5月　子ども用品　出品
6月　夏用アイテム　出品

【週間例】
12月1週目　セーター、アウター　出品
　　2週目　リビング小物　出品
　　3週目　大型品　出品
　　4週目　処分セール
　　　　　　→ニーズがない売れ残りは処分

期間	やる内容	メ モ

STEP
4

06 スマホでできる！ 売れる商品写真のコツ

Point

- ☑ 状態を正しく伝える

- ☑ 光を生かす

- ☑ 「丁寧に使った感」 を出す

「安心して買える」と思わせる

商品写真を見て、不用品感があるものより、持ち主が大切に使用・保管されていたことが伝わるもののほうが購入者は選びたくなりますよね。写真も大事な判断材料です。商品撮影で大事なポイントは3つ。1つ目は難点も含めて状態を正しく写すこと。2つ目はきれいな光が当たる時間と場所を選ぶこと。3つ目は丁寧にセッティングし生活感を抑えた写真にすること。これらを押さえればスマホ写真でも、安心して購入を検討してもらえます。

丁寧さが伝わる写真で売上アップ!

Bad

背景も置き方も雑…

Good

丁寧に使われていそう!

新品なのにくすんで見える

きれいな新品感が伝わる!

加工が強くて不自然な印象…

汚れにも納得して買える!

撮影環境はシンプルな背景＆きれいな光を大事にする

自然光が入る場所で撮る

撮影場所としてベストなのは、窓際などの自然光が入る場所です。自然光がきれいに当たると商品が明るく写るので、初心者さんでも簡単にきれいな商品写真が撮れます。ですので、窓際で斜めに自然光が入る時間帯に撮影をしましょう。中でも太陽が少し低い位置にある時間の光がきれいに撮れるので、朝一や週末にまとめ撮りがおすすめです。また、部屋の照明色にも注意を。暖色系の照明は商品の色味に影響が出るので、白色系照明の部屋で撮る方がベターです。

窓際で撮影

Good

▲形や色味もきれいに写り、おしゃれに見える！

窓際がおすすめ！

▲窓際にサイドテーブルやイスを置くと撮影しやすい！

暗い場所で撮影

Bad

▲輪郭がぼやけて商品が見にくく、色味も違う……。

背景はシンプルisベスト!

窓際で、なおかつ商品以外のものが写らないスペースを
確保しましょう。カーテンや床の柄、部屋の私物の写り
込みには注意を。レースカーテンなど無地の白い布を
背景にすると便利です。下の写真例のように、商品の
下やバックに敷いて撮れば、生活感を感じさせませんし、
商品をよりわかりやすく写すことができます。背景に
収まらない大型のものも、なるべくシンプルな壁や床を
見つけて撮影してみましょう。

柄モノ背景　　Bad

▲ゴチャゴチャして商品の印象が残らない……。

シンプル背景　　Good

▲無駄な情報がなく、商品に意識を集中できる!

大型商品もシンプル背景で!

▲白など商品が引き立つ色の背景を選んで。

光の当て方ひとつで印象が良くなる

光によって写りの良し悪しも決まるので、「写真は光ですべてが決まる」と言っても過言ではありません。商品の色や質感、形の伝わり方なども光次第で変わるため、商品撮影でも重要なポイントです。光の当て方は主に「順光、サイド光、逆光」の3種類あり、「順光」は被写体の正面から、「サイド光」は被写体の横から、「逆光」は被写体の後ろから光が当たっている状態を指します。商品撮影では、ものを明るくきれいに捉えられる順光とサイド光のどちらかを使うようにしましょう。

主な光の種類

順光	被写体の正面から光が当たり、まんべんなく明るく見せる。
サイド光	被写体の横から光が当たり、立体感や質感を表すのに適している。
逆光	被写体の後ろから光が当たるので、被写体は暗くなる。

おすすめは「順光」か「サイド光」!

順光

▲順光は正面からの姿を正しく写してくれる。形がはっきりわかるので、基本的には順光で撮るのが一番おすすめ。

サイド光

▲サイド光は陰影が出てメリハリがつき、立体感が伝わりやすい。丸みのあるものや奥行きを出す場合に適している。

強い影が入らないように注意

順光もサイド光も、商品を邪魔する強い影が入らないように気をつけてください。ムラなく均等に光が当たるポジションがベストです。天気が良い日の直射日光は、光が強くて影が出過ぎることがあるので、曇りの日の窓際や、レースカーテン越しのような柔らかい光のほうが撮影に向いています。

影が入ってしまう光

▲商品がきれいに見えない。

均等で柔らかい光

▲全体が明るくきれいに見える。

素材感はサイド光＆接写で伝える

立体感を出しやすいサイド光と接写を利用することで、素材感や色をより伝えやすくなります。例えば一括りに白い服と言っても、厚手で黄色みがあるアイボリー系の白、薄手で軽くシルクのような白もあります。近い距離で見ているような細かい違いが伝わりやすくなるので、お客様に喜ばれます。

▲生地の繊細なラメ感もサイド光＆接写で伝える。

Question

忙しくてどうしても
夜間しか撮影できない場合は？

家の中で一番明るい照明の場所で撮影して加工編集しましょう。シンプルな背景で、自分の影が商品にかからない照明との位置関係を見つけて撮影。あとは明るさ調整やトリミングを使って仕上げます。夜中に窓際にセッティングだけしておいて、パパッと朝に撮影するのもおすすめです。

↓

トリミング
＆明るく

Part 2 さまざまな撮り方で商品が「伝わる」写真に

使用イメージが湧くように置く

全体写真は、使用イメージが湧くような置き方・角度でセッティングをしましょう。例えば、食器ならテーブルの上に。洋服なら平置きよりもハンガー掛けのほうがよりデザインや質感が伝わり、着用イメージが湧きやすいです。ポスターや壁掛け時計などもできれば使用シーンを想定した写真を撮ることがおすすめ。靴は履いたときの見え方がわかるように、揃えて置きましょう。ネックレスであれば、無地の洋服に掛けて垂らして見せてあげるとわかりやすいです。

家電は組み立てる

▲組み上がった状態で見せる。

食器はテーブルに

▲持ち手が見えるようにして水平に置く。

服はハンガー掛け

▲吊るして見せるとシルエットがわかりやすい。

壁掛け小物は設置

▲壁時計などは実際に壁に掛けるとイメージが湧く。

バッグは壁掛け

▲バッグはフックで壁掛けにすると持ち手もきれいに見える。

靴は平置き

▲靴は正面とサイドやヒールも見える斜めの角度がベスト。

ネックレスは服に掛ける

▲ネックレスは服に掛けてみるとサイズ感までイメージできる。

Question

セット売り商品の全体像を上手に撮るコツは?

セット売りのときは、数や状態がひと目で見やすいようにセットして上から撮ること。例えば、お皿は面が見えるように並べ、本はシリーズなら重ねて巻数が見えるように置きます。服は丈が短いものを上にして、少しずらして重ねるとわかりやすいです。

傷や付属品など全情報を撮る

メルカリでは1出品に対し、10枚まで写真を掲載可能。ですので、全体像の写真を1枚載せるだけではなく、商品説明文を補う情報の写真も載せましょう。「きちんと商品現物はあるか。箱や説明書などの付属品はどうか。新品同様と書いてあるが本当に汚れや傷みはないか。難がある場合はどこにどの程度あるのか」など、リアルな状態がわかる写真を加えていきます。情報が不足していると、質問が来る度に撮影をし直すことになってしまうので、出品時から漏れがない情報提供に努めましょう。

1 付属品を含めた商品全体がわかる正面画像

ひと目で内容がわかる！

単品なら商品全体がわかる画像を

2
立体感や
ディテールを伝える
サイド画像

質感や商品の特徴が伝わるもの

3

商品の
背面が見える画像

背面汚れの有無の確認

4

着画など使用シーンが
思い浮かぶ画像

着用写真で使用シーンを伝える

5

汚れやスレの
接写画像

**接写で小傷などの使用感を伝えて
トラブル回避**

6

付属品や
付属情報の詳細画像
（タグ、保証書、消費期限など）

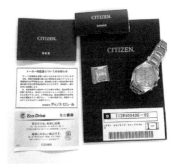

タグや証明書で信頼度アップ！

比較物を一緒に写すことで サイズ感をリアルに伝える

商品が想像よりも実際には小さかったというのは、メルカリに限らず、通販での買い物にありがちな失敗です。出品者側も気をつけてあげましょう。例えば華奢なアクセサリーの細部を伝えようと接写モードを多用したら、購入者に大きいサイズだと誤解されることも。そんな誤解を防ぐために、他のものとの比較写真を撮ってサイズ感を伝えるようにすると親切です。例えば、雑誌の上に置く、バッグなら長財布やA4ファイルを中に入れる、身体に当ててみる、などの工夫をしてみてください。

単体のアップだけ　Bad

▲商品単体だと大きさがわかりづらい。

身体に当ててみる　Good

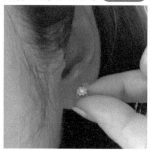

▲実際着けたときの印象もわかる！

大きさのわかるものを入れると…

▲バッグの大きさがイメージしやすい！

使用イメージが湧くものを入れる

▲収納量がわかると購買意欲が湧く。

撮る前にチェック！
撮影時の注意事項

検品ミスはトラブルの元！　撮影前に今一度商品状態をチェックして、ダメージを見落とさないようにしてください。また、しわがあれば伸ばす、ゴミは取るなど、商品をより良くするために、撮影前の準備を丁寧に行いましょう。撮影時には、自分の影を入れない、ピントを合わせるなど、撮影後の加工編集ではどうにもできないことにも気を配りましょう。加工を重ねると、色味や質感が正しく写らなくなることも。加工は便利ですが頼り過ぎないように。あくまで補助的に使いましょう。

＼ 撮影前のチェックポイント ／

- ☑ ダメージ部分を確認する
- ☑ ホコリなど取れる汚れは取る
- ☑ ポケットに入ったごみを
  取り忘れない
- ☑ しわは簡単で良いので伸ばす
- ☑ 全体図では
  商品が見切れないようにする
- ☑ 形がわからないほど
  明るく＆暗くしない
- ☑ ピントを合わせる
- ☑ カメラを斜めにし過ぎない
- ☑ 自分の影を被せない

Part 3

撮るのが難しいときの
ひと工夫アイデア

着画はカメラを離して撮ると◎

新品・未使用品でない場合は、商品を実際に着用している写真も掲載すると、使用イメージが湧くため購入してもらえる可能性がアップします！　新品でもアウターや羽織りならトライしてみて。でも、どうやって撮ったらいいの？という方もいると思います。アクセサリー以外は全体像が見えるように、他撮りやセルフタイマーでカメラから離れて撮るのがおすすめです。友人や家族に身に着けてもらって撮るのも良いでしょう。

① 自撮り

◀アクセサリーは、きれいな光の下で自撮りするのがおすすめ。手元以外の場合はスマホのインカメラを使うと撮りやすい。

② 鏡撮り

◀首に巻くスカーフやハンドバッグは、ひざまで映る大きさの鏡を使うと撮りやすい。背景の写り込みには気をつけて。

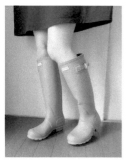

③ セルフタイマー撮り

◀全身や足元を撮るときにおすすめ。カメラを三脚で固定すると高さも変えやすい。インカメラだとぼけやすいので、アウトカメラで撮影を。

④ 他撮り

◀サイドや後ろからの着画が重要なアイテムは、できれば他の人が撮影をするのが良い。カメラを固定しなくて良いので、外での撮影もしやすい。

写しにくいものはポイントを絞る

透明なものや、細かい細工、柔らかい素材などは、写真では質感を捉えるのが難しいもの。でも、接写モードを使ったり、ピントの位置を工夫したり、背景を変えるなどすれば、質感が伝わる部分写真を撮ることができます。1枚の写真でいろいろ捉えようとせず、それぞれの写真で伝えたい情報を絞って撮るのがコツです。

ペンは筆跡を見せる

▲試し書きの筆跡も載せると色や質感がわかりやすい！

細かい造りは濃色背景に

▲透明なものやレースなどの細かいデザインは、濃い色の背景に乗せると細部までよく見える。

小さいものは部分ピントに

▲華奢なアクセサリーは、全体ではなくフォーカスしたい一部分だけにピントを合わせる。

質感違いで際立たせる

▲貴金属であれば陶器など、写したいものと質感の違うものに載せると、違いが出て捉えやすい。

相性の良い背景・小物を選ぶ

◀基本は白布で良いですが、明るい色のアイテムには濃い背景、逆に暗い色のアイテムには明るい背景など、アイテムにより相性が良い背景も。撮影小物は複数の色・素材を準備すると便利！

Part 4

加工編集で調整して もっとリアルに近づける

実物を正しく伝える加工

撮影しただけで実物の印象に近づけるのは難しいもの。加工編集を駆使して最後の調整を行いましょう。暗めの写真を明るくして清潔感を出したり、余計な写り込みはカットしたり、文字入れでわかりやすさをアップすると、印象が良くなります。メルカリアプリでも「フィルタ・鮮明度・明るさ調節・切り抜き・テキスト入れ・画像の向きの変更・画像補正」の写真加工機能が使用可能。

切り抜き変更

▲長押やドア枠などが見えると生活感を感じて残念な印象に……。

▲余計な部分をカットして生活感を薄める！S字フックで垂らして撮っておくと余計なものが写りにくい。

＼ メルカリアプリで活用すべき加工機能 ／

| 明るさ | コントラスト | 色温度 |
| 彩 度 | 鮮明度 | 切り抜き | テキスト |

「コントラスト」は明暗の差、「色温度」は赤みと青みの強さ、「彩度」は色の鮮やかさを調整できる。

明るさ&色温度変更

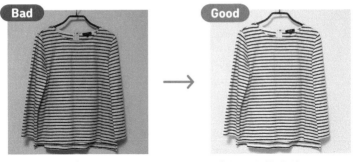

Bad
▲ 黄色みがかって薄汚れて見える。

Good
▲ 白く明るく清潔感が伝わる！

彩度&コントラスト&明るさ変更

Bad
▲ ぼやけた印象で薄暗い感じ……。

Good
▲ メリハリが出て色味もわかる！

鮮明度変更&テキスト追加

Bad
▲ 商品状態やダメージがなんとなくしか伝わらない。

Good
↑裏面全体的に焦げ付き、ベタつきがあります！
▲ ダメージがわかりやすくて安心して買える！

07 不用品処分以外の目的意識を持つ

Point

☑ 慣れてきたら
　売り方・交渉方法に
　こだわってみる

☑ ハンドメイド品など
　不用品以外も売る

交渉さえも楽しんでみる

メルカリユーザーは、いろんなメルカリの楽しみ方をしています。中には仕入れたものやハンドメイド作品を販売するオリジナルのショップとして運営している人も。ただ不用品を処分するだけじゃなく、「こういう売り方をしよう」と意識すると、やりがいがあってメルカリがもっと面白くなります。高値から始めて値下げ交渉に応じ、上手に駆け引きを楽しむのも良いでしょう。売り上げを積み重ねれば立派な上級者です！

1 ハンドメイド作品や
アイデア商品に挑戦する

オリジナルのハンドメイド作品や、サンキューカードなどのアイデア商品を考えて作成し、販売している人もいます。私もメルカリで見つけた、ハンドメイドのミトンや、クリスタル製のサンキャッチャーがお気に入りで、色違いでいくつか購入しています。「こんな商品があったら喜ばれるだろうな」というものを形にして売ってみてはいかがでしょうか。

▲ スワロフスキーのクリスタルを使ったハンドメイドのサンキャッチャー。素敵なのにとてもリーズナブルで、各部屋に揃えてしまいました。

STEP
4

2 親族が片づけたいものを
譲り受けて出品する

帰省の際に実家のお片づけを手伝ってあげると喜ばれます。ただし、親族とはいえ「代わりにお願いね」という委託販売はNGです！　しっかり自分のものとして譲り受けてから、メルカリに出品してください。譲り受ける際は商品のストーリーについてきちんと聞き、質問にも答えられるようにしましょう。中には実家の菜園の野菜・果物、出荷できない規格の訳あり食材を販売している人もいますよ。

For you

補足

上級テクニックは手間がかかり
場所も取るので
余裕があれば挑戦しよう

出品したままにしない

08 出品物、検討商品は定期的に整理整頓

Point

- ☑ 出品期間や在庫は定期的にチェック

- ☑ 過去に売れた商品は必要分だけ表示を残す

やりっ放しにせず見直すことが大事

出品アイテム、出品予定のアイテムは、放置せずにある程度したら見直しましょう。売れるタイミングはわからないものですが、在庫を持ち過ぎないことも大事です。値下げしても売れないものは、処分期限を決めて整理しましょう。出品予定のアイテムも仕分けたままにせず、定期的に出品と処分を繰り返すと、余計な在庫を持たずに済みます。処分したら気持ちを切り替えて、新たな出品をどんどん行っていきましょう。

時間が経ったら見直したいこと

**1 出品中の商品在庫を
定期的に確認**

私は、出品物が売れて発送しようと思ったら、現物がなかなか見つからず焦った経験があります。商品入れから隙間に落ちてしまっていたのです。もし紛失していたら大変なことに。売れてから慌てないように、出品中のものは見やすく整理しておきましょう。

**2 出品アイテムは
処分期限を決めておく**

出品したものはいつまでもそのままにせず、どこかで区切りをつけるべき。ニーズの有無がわかるというのもメルカリの良いところです。例えば「出品して1ヶ月売れなかったら捨てる」というように処分期限を決めておきましょう。処分する前に、必ず出品を取り下げることを忘れないでください！

**3 売れて2週間以上経過した
出品商品の履歴を整理**

商品一覧の中で、出品中と売切品が混在していると、出品中のものが埋もれて選びにくくなってしまいます。取引終了から2週間以上経過した商品は、削除可能です。ある程度売れた実績がわかるようにお気に入りのものは残して、それ以外は整理しましょう。

▲ プロフィールの下に表示される一覧のバランスを見ながら整理しよう。

09 勝手な判断は危険！相手への確認が大切

Q 梱包作業中に新たな汚れを発見！
そのまま送っても大丈夫？

A 発送前に購入者へ確認し判断をしてもらう

見落としていた汚れや傷を見つけたときは、購入者に必ず報告
をしましょう。許諾された場合はお言葉に甘えて発送を。キャ
ンセルを希望されたら取引キャンセルを申請します。現状、取
引メッセージ内では画像が共有できないので、確認用と題して
出品し、画像を確認してもらった後に出品を削除しましょう。

Q 売れた後に配送方法を変更したい場合は
どうしたらいいですか？

A 宛先が必要な方法に変更する場合、送り先を確認する

匿名配送可能なメルカリ便内での変更は切り替えのみで簡単に
行えます。念のため、購入者の方にも伝えましょう。匿名配送
から普通郵便に変えるなど相手の住所を知る必要がある方法の
場合は、取引メッセージで相手に送り先を聞く必要があります。

Q 梱包をしたら想定より大きくて配送料が高く
なりそう……。追加料金をもらいたい。

A 追加料金はNG！　事前によく確認をしよう

配送料が高くなるからといって追加料金をもらうことはできま
せん。出品時、事前に梱包も想定しておいて、しっかり利益が
出るかどうか確認しましょう。

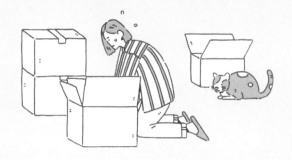

Q 送った商品が受け取り期限を過ぎて
戻ってきた。また再送するべき？

A **再送前に状況を確認しよう**

まず取引メッセージで連絡を取りましょう。長期不在や、登録
住所の誤入力の可能性があります。再送時の送料については相
手と相談してください。住所を確認できないなど当事者で解決
できない場合は、事務局に相談してみましょう。

Q 配送中に商品が割れて届いたらしい。
補償はしてもらえる？

A **配送方法に応じて運営、配送業者に相談を**

補償つきのメルカリ便を使っていれば、受け取り側から割れた
商品の画像を添付して運営に問い合わせてもらいましょう。購
入代金が返金される補償が適用される可能性があります。メル
カリ便を使っていない場合は、利用した配送業者に連絡してみ
ましょう。補償のない配送では「割れ物指定」をお忘れなく。

Q 間違った商品を送ってしまった。
どう対処、対策したらいいですか？

A **着払いで戻してもらい、正しい商品を送る**

誤送が判明したら着払いで返送してもらい、正しい商品を再送
しましょう。場合によっては、事務局に相談したら補償の範囲
であるということで、送料分をポイントで戻してもらえることも。
梱包時にミスをすることもあるので、気をつけましょう。

コミュニケーションになる！
家族で楽しむメルカリ

夫編

我が家のメルカリ担当は夫。仕事に育児に家事にと、大変な私を見かねて役割を買って出てくれました。「これはもう使わないよね？」と聞いた上で、週末に出品や発送をしてくれます。夫も楽しいようで、どんどん家がスッキリして助かります！

母親編

60代の母がメルカリにハマり始めました！　電話をしたり、会うたびに「この前、●●が売れてね。とっても楽しかったわ〜」とメルカリの話ばかりなんです（笑）。親の分が片づいたら、次は片づけついでに私のものを譲って処分をお願いしようかな？

子ども編

メルカリは18歳以上しか使えないのですが、私は小学生の子どもにポスト投函などの手伝いだけを頼んでいます。おもちゃが散らかっているときは、「使わないならメルカリで売っちゃうよ〜」とか、「もう使わないものはメルカリで譲ろうよ」など、日常会話にもメルカリを。中学生や高校生のお子さんがいる方は、撮影や文章作りを手伝ってもらうそうですよ。

みんなでなかよく
メルカリを活用♡

パパッと見やすく
役に立つ
便利ツール

Contents

- テンプレートで使える例文集
- アイテム別採寸リスト
- 配送方法＆送料一覧表

テンプレートで使える例文集

▌商品情報編▐

キッチン用品

【入れると良い内容】

商品名、購入時期・場所、定価、用途、出品理由(ストーリー)、使用頻度・期間、サイズ・実寸、素材、色味、汚れの有無

商品をご覧いただきありがとうございます。約●年前に●●の取扱店で定価約●●●●●円で購入した、フランス産のホーロー鍋、ラウンド●●cmサイズ(2〜3人分用)です。少し重たいですが、密閉性が高く、スープや煮込み料理に向いています。冬場によく使用していました。作り置きや時短料理でも活用できます。

直火、IH、オーブンでも使えます。電子レンジは非対応です。家族が増えて大きいサイズを買ったら、こちらの使用頻度が下がったため、出品します。

内側が白いので、使用感はあります。汚れの状態は、写真でご確認ください。蓋や本体に欠けはありません。箱は処分しており、本体のみのお譲りです。まだ長く使えそうなので、ご活用いただければ幸いです。

品番：●●●●
サイズ：縦●●cm、横●●cm、高さ●●cm
色：●●

割れないよう、厳重に梱包してお届けします。どうぞよろしくお願いいたしします。

家電製品

【入れると良い内容】

商品名、購入時期、使用頻度、保証書や取扱説明書などの付属の有無、サイズ、使い勝手、汚れの有無、動作確認

商品をご覧いただきありがとうございます。●年前に購入した●●●●の炊飯器です。3合炊きなので、一人暮らしにちょうど良かったです。●年間、週に●回程度使用していました。

引っ越しに際し大きいものに買い換えましたが、まだ使えますので、中古で良いという方、ぜひ。

品番：●●●●●●●●●
サイズ：縦●●cm、横●●cm、高さ●●cm
付属品：保証書(有効期限は●年で切れています)、内窯、取扱い説明書

玄米や炊き込みご飯、おかゆにも対応しています。

目立つ汚れはありませんが、内窯に少し剥げている部分があります。メーカーで内窯のみ購入できるようですので、気になる方はご確認ください。

外箱は処分してしまってありません。動作確認済みです。

どうぞよろしくお願いいたします。

Point

テキストをコピペしてスマホ辞書機能に登録したり、音声入力機能を活用すると効率アップ！

文章を考えるのが苦手、まだメルカリに慣れていない方のための例文集です。こちらをベースにカスタマイズして、ぜひ活用してください。以下のアドレスか右記の二次元コードから例文集のデータがあるサイトへアクセスできるので、テキストをコピーすることもできます。
https://book.impress.co.jp/books/1119101106

\ コピペして使える /

本

【入れると良い内容】
購入時期、状態の説明、厚みがある場合は発送方法 ※バーコード出品機能を使っても情報が出てこない場合は商品情報も記載

商品をご覧いただきありがとうございます。
●●●●で、新品を昨年購入。
一読のみで、美品です。
折り目はありませんが、帯が折れている部分があるのと、上部にかすったような汚れがついていますので、●枚目のお写真をご覧ください。厚みがあるので、宅急便コンパクトで送付予定です。
どうぞよろしくお願いいたします。

コスメ

【入れると良い内容】
商品名、購入時期、開封時期、色番号、使用頻度、残量、付属品

商品をご覧いただきありがとうございます。
今年の●月に購入した●●●●のパウダーです。今年の春に新発売したリニューアル後の製品です。色は、00の●●●●です。定価は●●●●円でした。
●月に開封。肌色が合わず、●回だけ使用して、それ以来使用していません。パフもあまり汚れていないので、お付けしますが、気になる方は新しいものを購入してお使いください。
残量は9割以上です。外箱もあります。気泡緩衝材に包んでゆうパケットプラスで発送予定です。
どうぞよろしくお願いいたします。

セット商品

【入れると良い内容】
各商品の商品名、状態説明、ばら売り交渉の有無

商品をご覧いただきありがとうございます。
●年ほど前に子どもたちが幼稚園の頃に読んでいた絵本のセットです。1冊1冊ですと、送料がかかるため、おまとめで出品します。

傷みがあるものと、少ないものがあります。
『●●●●』、『●●●●』 状態良、目立つ汚れなし
『●●●●』 裏面に汚れあり
『●●●●』、『●●●●』目立つ汚れなし、折り目少しあり
『●●●●』 ほぼ未使用
『●●●●』 かなり読んだため、使用感強めです。
『●●●●』 1ページ、書き込みあり(写真●枚目をご確認ください)

手間と送料の関係で、まとめてお譲りしたいので、申し訳ございませんが、ばら売り交渉のコメントは削除させていただきます。
良いご縁がありますように。
どうぞよろしくお願いいたします。

洋服

【入れると良い内容】

商品名、購入時期・場所、定価、用途、出品理由(ストーリー)、着用回数、サイズ・実寸、素材、着用感、保管方法、色味、汚れの有無

商品をご覧いただきありがとうございます。こちらは、●年前に購入した●●●のワンピースです。定価●●●●●円でしたが、●●％オフで購入したと記憶しています。2回しか着用していません。洋服のサイズが変わって着られなくなってしまったので、ご活用いただける方にお譲りいたします。

サイズ　●
着丈　　●●㎝
胸囲　　●●㎝
腹囲　　●●㎝
※素人採寸です。

身長●●●㎝の私が着て、ちょうど膝丈くらいでした。素材は、ポリエステル●●％、綿●●％です。詳しくは●枚目のタグ写真をご覧ください。
自宅でドライクリーニングをして、クローゼットに保管していました。目立つ汚れはありません。
羽織るものや、アウターを変えれば、オールシーズンご活用いただけるかと思います。色味は、ブルーがかったグリーンで、●枚目の写真が一番現物に近いです。
どうぞよろしくお願いいたします。

バッグ

【入れると良い内容】

商品名、購入時期・場所、定価、用途、出品理由(ストーリー)、着用回数、サイズ・実寸、素材、着用感、色味、汚れの有無

商品をご覧いただきありがとうございます。こちらは、●●のバッグです。●●●●年●月に、●●百貨店で購入しました。購入時の価格は、定価●●●●●円でした。お色はベビーピンクです。ベルトがついているので、肩掛けも斜め掛けとしても使いやすく、半年ほど通勤に使用しました。A4サイズはギリギリ入りません。
新しいバッグを購入して、使用頻度が下がってしまったので、状態が良いうちにご活用いただける方にお譲りしたいと思います。裏面にこすったような汚れがついている部分があります。写真●枚目をご確認ください。角すれなどは、●枚目の写真をご覧ください。使用感はありますので、中古品にご理解ある方に。

サイズ
高さ　　●●㎝
横幅　　●●㎝
マチ　　●●㎝
持ち手部分　約●●㎝
ベルト　約●●㎝〜●●㎝
※素人採寸です。
素材　牛革　内側　ナイロン
購入時の保証書・保存袋は紛失しており、現品のみ、気泡緩衝材に包んでのご送付となります。
どうぞよろしくお願いいたします。

時間がない人用

【入れると良い内容】
プロフィール、対応時間帯や発送について

●●県在住の●●代の会社員です。
最初は買う専門だったのですが、だんだん
売ることも始めました。
主に衣類、アクセサリー、コスメなどを出
品しています。
日中は仕事をしているので、お返事などは
夜になります。発送は、3〜4日いただい
ています。
まだまだ不慣れですが、どうぞよろしくお
願いいたします。

特定のジャンル売りを
頑張りたい人用

【入れると良い内容】
プロフィール、売っていきたいジャンルに
ついて、対応時間帯や発送について

●●県在住の●●代のワーママです。
長年楽しんでいた趣味の編み物・手芸用品
を整理することにし、出品していきます。
ハギレや使いかけのものは、まとめて出品
することもあります。その際はおまとめで
購入してくださる方を優先します。ひとま
とめで送料が安くなる場合、割引できるこ
ともありますので、ご希望の際はお知らせ
ください。
疑問点は購入前にお尋ねください。発送は、
簡易包装とさせていただきます。
育児中で、コメントの返信や発送がすぐに
できないこともありますが、24時間以内
にはご返信させていただきます。
どうぞよろしくお願いいたします。

工夫してしっかり
売っていきたい人用

【入れると良い内容】
プロフィール、割引などのアピール

☆送料分おまとめあり
☆リピーターさん割引あり
☆引っ越しにともない、断捨離強化中☆

●●県在住の●●代の主婦です。
ただいま、引っ越しにともなう断捨離のた
め、●月まで出品を頑張っています。季節
感が合わないものもありますが、その分お
安くしています！おまとめで購入してくだ
さる方、リピート購入の方は割引させてい
ただきますので、コメントにてお知らせく
ださい。特に、服、靴、家電、家具などを
頑張っています。
出品から時間が経ち、なかなか売れないも
のは、お値下げ交渉に応じることもできま
すのでご相談ください。

トラブル防止のため、質問などは事前にお
願いします。即購入OKです！
出品する洋服のサイズは、●サイズが多い
です。サイズが合う方は、ぜひいろいろご
覧ください。
どうぞよろしくお願いいたします。

購入者から出品者へ

購入時

> こんにちは。商品を購入させていただきました。どうぞよろしくお願いいたします。

発送時

> 発送ありがとうございました。2日間ほど出張のため、受け取りが日曜日になりそうです。戻って中身を確認し次第、評価させていただきますので、少々お時間いただきますが、どうぞよろしくお願いいたします。

到着時

> 商品を確認しました。この度は美品をお譲りいただき、ありがとうございました。活用させていただきます。

到着、評価時

> 迅速な発送をありがとうございました。終始安心できるお取引でした。またご縁がありましたら、よろしくお願いいたします。

出品者から購入者へ

購入時

> ご購入いただき、メッセージもありがとうございます。明日中に、メルカリ便で発送できる予定です。発送しましたら、発送通知にてお知らせいたします。どうぞよろしくお願いいたします。

発送時

> 商品を発送させていただきました。夕方に営業所へ出したので、明日集荷分となり、到着予定日は、明後日とのことです。到着まで今しばらくお待ちください。お受け取り、どうぞよろしくお願いいたします。

「値下げしてほしい」への返信

可能でこちらから値段を提示する場合

> こんにちは。商品をご検討いただき、ありがとうございます。
> ささやかですが、50円なら割引できます。ご検討ください。

可能で希望額を聞きたい場合

> こんにちは。少額なら可能ですが、ご予算はおいくらでしょうか?

不可能な場合

> お尋ねありがとうございます。あいにく今出品したばかりで、相場も見て値付けしております。
> 現時点ではそのお値段までお値下げできません。またご縁がありましたらよろしくお願いいたします。

「送料込みにしてほしい」への返信

対応する場合

> 送料込みの場合、こちらのサイズですとメルカリ便の700円をプラスさせていただくことになりますが、よろしいでしょうか? ご検討ください。

「取り置き（専用）希望」への返信

対応する場合

ご希望の金額にお値下げしました。ご確認ください。少しの間●●さま専用とさせていただいています。よろしいときにお早めにご購入くださいませ。

不可能な場合

申し訳ございません。専用はいたしかねます。すぐにご購入いただける方を優先させていただきます。お早めにお手続きをよろしくお願いいたします。

「他の出品物とのまとめ売り希望」への返信

同梱対応する場合

あちらの出品物もご検討いただきありがとうございます！
同時のご購入を希望される場合、送料分同梱割引させていただきます。
よろしければ、こちらの商品におまとめして、●●●円お値引きさせていただきますが、いかがでしょうか。ご検討ください。

送料が上がってしまう場合

申し訳ございません。同梱割引させていただきたいのですが、こちら2点ですと送料が上がってしまうため、割引できません。ささやかですが、あちらの商品を●●円割引させていただくことは可能なのですが、いかがでしょうか？　ご検討ください。

「セットの商品をばら売りにしてほしい」への返信

可能な場合

承知しました。
ただ、単品ですと送料分上乗せの●●●円とさせていただきますが、よろしいでしょうか？　よろしければ、別で一点出品いたしますね。ご検討ください。

不可能な場合

申し訳ございません。こちらはセット売りでのみ販売させていただいております。またの機会がありましたら、どうぞよろしくお願いいたします。

「急いで送ってほしい」への返信

可能な場合

かしこまりました。お住まいはどちらでしょうか？
明日の午前中に発送できる予定ですので、●日であれば、中2日あるので、本州、離島であってもおそらく間に合うと思いますが、大丈夫でしょうか。お時間指定などありましたらお知らせください。

不可能な場合

ただ今旅行中でして、戻りが●日になるため、あいにくそちらの日にちにお届けするのは難しいです。申し訳ございません。

質問返信&コメント編

「ダメージはどれくらいありますか？」への返信

> ご検討ありがとうございます。
> 全体的に使用感はあります。べたつきなどはありませんが、使用にともない、くったりとした使い心地で、身体になじみやすいとは思います。
> 匂いについては、ペットは飼っておらず、喫煙者もおりません。クローゼットで保管していたため、もしかしたら除湿剤の匂いがするかもしれません。
> 目立つ汚れ、角スレ、持ち手部分については写真にアップしていますのでご確認ください。よろしくご検討くださいませ。

「付属品はありますか？」への返信

> ご検討ありがとうございます。
> 付属品は写真と本文にある通りで、保証書、説明書は紛失しております。ただ、本体の裏側にシリアルナンバーと品番は記載してありますので、そちらを写真に撮ってアップしますね。
> 取扱説明書は確認しましたら、メーカーのホームページにも掲載されているようなので、そちらで代わりに見ていただけたらと思います。正規品ですので、故障の際も修理受け付けしてもらえると思います。
> 付属品がない分、少しお安くしています。
> ご検討、どうぞよろしくお願いいたします。

「間違って購入したためキャンセルできますか？」への返信

> かしこまりました。
> キャンセル理由は購入者都合として、取引キャンセルで申請させていただきます。
> よろしくお願いいたします。

追加の商品情報のたずね方

> こんにちは。商品の購入を検討しています。
> 正面と横の写真は拝見できたのですが、すみませんが、持ち手部分と底の部分の写真、それから角も追加でお写真いただけますでしょうか。また、斜め掛けはできますでしょうか？
> お手すきのときに、どうぞよろしくお願いいたします。

発送状況のたずね方

> ●●さま、こんにちは。
> ●日前に商品を購入させていただきました。こちらですが、発送と到着予定は大体いつ頃になりそうでしょうか？わかりましたら教えていただければと思います。
> 引き続きよろしくお願いいたします。

アイテム別採寸リスト

商品サイズを情報文に書いておくと売上アップにつながります。
下の図を参考に自分で採寸してみましょう！

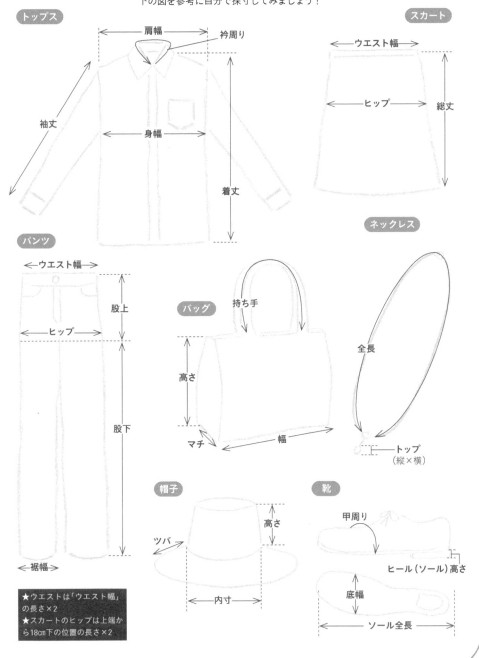

トップス
- 肩幅
- 衿周り
- 袖丈
- 身幅
- 着丈

スカート
- ウエスト幅
- ヒップ
- 総丈

パンツ
- ウエスト幅
- 股上
- ヒップ
- 股下
- 裾幅

バッグ
- 持ち手
- 高さ
- マチ
- 幅

ネックレス
- 全長
- トップ（縦×横）

帽子
- 高さ
- ツバ
- 内寸

靴
- 甲周り
- ヒール（ソール）高さ
- 底幅
- ソール全長

★ウエストは「ウエスト幅」の長さ×2
★スカートのヒップは上端から18cm下の位置の長さ×2

配送方法&送料
一覧表

メルカリで使える配送方法をズラッと一覧にしました。サイズ、送料、サービスを比較してお得でぴったりな配送方法を選びましょう！

	配送方法	サイズ・重さ	受付場所
ら く ら く メ ル カ リ 便	【小型】ネコポス	【大きさ】角形A4サイズ（31.2cm×22.8cm）以内 ※横23cm×縦11.5cmより大きなものが対象 【厚さ】2.5cm以内 【重さ】1kg以内	宅急便センター、セブン-イレブン、ファミリーマート、宅配便ロッカーPUDO
	【小〜中型】宅急便コンパクト	【重さ】無制限 ★薄型専用BOX（70円）が必要 【大きさ】24.8cm×34cm 【厚さ】BOXに入る厚さ ★専用BOX（70円）が必要 【大きさ】20cm×25cm 【厚さ】5cm以内	宅急便センター、セブン-イレブン、ファミリーマート、宅配便ロッカーPUDO、集荷（＋30円）
	【中〜大型】宅急便	【大きさ】縦・横・高さの3辺合計160cm以内 【重さ】25kg以内	宅急便センター、セブン-イレブン、ファミリーマート、宅配便ロッカーPUDO、集荷（＋30円）
	【大型】大型らくらくメルカリ便	【大きさ】縦・横・高さの3辺合計450cm以内 ※最長辺が250cm以下、天地は200cm以下 【重さ】150kg以内	集荷
ゆ う ゆ う メ ル カ リ 便	【小型】ゆうパケット	【大きさ】縦・横・高さの3辺合計60cm以内 （ただし長辺34cm以内） 【厚さ】3cm以内 【重さ】1kg以内	郵便局、ローソン
	【小〜中型】ゆうパケットプラス	★専用箱（65円）が必要 【大きさ】24×17cm以内 【厚さ】7cm以内 【重さ】2kg以内	郵便局、ローソン
	【中〜大型】ゆうパック	【大きさ】縦・横・高さの3辺合計100cm以内 【重さ】25kg以内	郵便局、ローソン
郵 便	定形郵便	【大きさ】23.5cm×12cm以内 【厚さ】1cm以内 【重さ】50g以内	郵便局、郵便ポスト
	定形外郵便	規格内 【大きさ】A4サイズ（34cm×25cm）以内 【厚さ】3cm以内 【重さ】1kg以内	郵便局、郵便ポスト
		規格外 【大きさ】3辺合計90cm以内（ただし長辺60cm以内） 【重さ】4kg以内	郵便局、郵便ポスト
	スマートレター	★配送料含む専用資材（180円）が必要 【大きさ】A5サイズ（25cm×17cm）以内 【厚さ】2cm以内 【重さ】1kg以内	郵便局、郵便ポスト
	ゆうメール	【大きさ】A4サイズ（34cm×25cm）以内 【厚さ】3cm以内 【重さ】1kg以内	郵便局、郵便ポスト
	クリックポスト	【大きさ】A4サイズ（34cm×25cm）以内 （最小サイズは14cm×9cm） 【厚さ】3cm以内 【重さ】1kg以内	郵便局、郵便ポスト
	レターパックライト	★配送料含む専用資材（370円）が必要 【大きさ】A4サイズ（34cm×24.8cm）以内 【厚さ】3cm以内 【重さ】4kg以内	郵便局、郵便ポスト
	レターパックプラス	★配送料含む専用資材（520円）が必要 【大きさ】A4サイズ（34×24.8cm）以内 【厚さ】専用封筒に入る厚さ 【重さ】4kg以内	郵便局、郵便ポスト、集荷

送料（税込）	ポイント
195円	匿名配送可能！補償や荷物追跡もあるので、安心して出すことができます。配達先は郵便受け。
380円	匿名配送可能！専用資材に収まれば重さは無制限なので、小さいわりに重いものが安く送れる。追跡、補償サービスあり。
60サイズ（3辺計60cm以内、2kg以内）：700円 80サイズ（3辺計80cm以内、5kg以内）：800円 100サイズ（3辺計100cm以内、10kg以内）：1,000円 120サイズ（3辺計120cm以内、15kg以内）：1,100円 140サイズ（3辺計140cm以内、20kg以内）：1,300円 160サイズ（3辺計160cm以内、25kg以内）：1,600円	匿名配送可能！160サイズまで配送できる。サイズによって料金が異なるのでよく確認を。追跡、補償サービスあり。
200サイズ：4,320円　250サイズ：7,398円 300サイズ：10,746円　350サイズ：16,254円 400サイズ：22,950円　450サイズ：29,646円	集荷・梱包・搬出のすべてをまかせられる。お届け時には設置も対応。距離による送料の差額は購入者が負担。一個口のみなので複数口発送の場合は通常の宅急便で配送。追跡、補償サービスあり。
175円	匿名配送可能！最小サイズは175円と安価で発送ができる上に追跡、補償サービスもあり。
375円	匿名配送可能！専用資材の中では一番厚さがあり7cmまで収まるので、厚めの商品におすすめ。追跡、補償サービスあり。
60サイズ（3辺計60cm以内）：700円 80サイズ（3辺計80cm以内）：800円 100サイズ（3辺計100cm以内）：1,000円	匿名配送可能！サイズによって料金が異なるのでよく確認を。追跡、補償サービスあり。自宅の他、郵便局、コンビニ、はこぽすでも受取可能。
25g：84円 50g：94円	配送方法の中で最安値なので、軽くて小さいものを送る際におすすめ。追跡、補償は対応していないので注意を。
50g：120円　100g：140円　150g：210円 250g：250円　500g：390円　1kg：580円	50g120円と小さいサイズのものは安価で配送可能。重さによって料金が異なるのでよく確認を。
50g：200円　100g：220円　150g：300円 250g：350円　500g：510円　1kg：710円 2kg：1,040円　4kg：1,350円	サイズが3辺合計の計算なので小さくて厚さがあるものにおすすめ。重さによって送料が異なるので事前に確認を。
180円（専用資材代に含まれる）	専用資材に送料が含まれているので、宛名書きをしてポスト投函可能。追跡、補償は対応はしていないので注意を。
150g：180円　250g：215円 500g：310円　1kg：360円	本、雑誌、冊子、CD、DVDにのみ利用可能。内容品が見えるようにして発送を。1kgでも360円と定形外郵便より安く送れる。
188円（2020年4月より198円に改定） ※Yahoo! ウォレット、 Amazon Payでの決済が必要	自宅で決済・ラベル印刷ができる！1kg以内であれば一律料金なのでお得。補償なしだが追跡は可能。
370円（専用資材代に含まれる）	4kg以内まで送れるので重めのものにおすすめ。送料は資材代に含まれているので、宛名書きのみで手軽に発送ができる。追跡のみ可能。配達先は郵便受け。
520円（専用資材代に含まれる）	ライトよりも厚さのある荷物に対応可能。送料は資材代に含まれているので手軽に発送ができる。追跡、集荷依頼に対応。配達先は対面。

おわりに

私の"メルカリ活用生活"は、4年が経ちました。取引数1,700を超えた今も本書のように無理なく・楽しく続けていますし、これからも続けていくでしょう。

本書の内容は、私がこれまで「どうやったら楽しく無駄なく効率的に"メルカリ×お片づけ"をすることができるだろう?」と考えながら、多くの試行錯誤を繰り返した結果です。
メルカリを上手に活用して片づけやお得な買い物を楽しんでいる方がいる一方で、メルカリに対してハードルを高く感じている方や、大変だったとメルカリ疲れを起こしている方の声も聞きました。本書にはステップ別にたくさんのポイントを詰め込んだので、きっと何かしらお役に立てるポイントがあると思います。ぜひ取り入れて、メルカリ生活をグッと楽にしていただけましたら、とても嬉しいです。

行動経済学という学問では、持ち物に対し、「もう当分使わないとわかっているのに、もったいないから捨てられない。高かったから捨てられない。いつか使うかもしれないから取っておきたい」という風に不合理に価値を高く見出していることを"保有効果"といいます。愛着や、投資した金銭や時間という**サンクコスト**(埋没費用)を回収しようと思ってしまい、モノを溜め込んでしまうのだそうです。
ですが、一度に仕分けをすれば要不要が判断しやすいし、不用品をメルカリに出せばそれらのモノの正しい価値を知ることができます。それによって、そのようなバイア

スに惑わされず、冷静かつ合理的にモノを処分できます。買うにも新商品だからとか、お得そうだから、といったことに振り回されません。自宅にいながらじっくり今の自分に必要なものを選ぶことができます。

おまけに、メルカリを通じて買い手に喜んでもらうことで、手放す＝罪悪感に近いことというよりも、むしろ売る＝人に活用してもらえるという喜びの感情に変わります。これによっていつでも適量のモノを管理して暮らすという生活の最適化を簡単に行うことができます。
メルカリ×お片づけには、このようなメリットが多くあるのです。ぜひ、挑戦してみてください。

最後に、いつも安心安全で簡単な売買を行える、このプラットフォームを作り運営してくださっているメルカリ運営のみなさん、本書のためにたくさんの事例を共有してくださった勝間塾の方々、そして、出版に際しご尽力くださったみなさんに感謝します。

Yukiko Nakano
中野有紀子

1978年、東京生まれ。早稲田大学を卒業後、大手生命保険会社に勤務。その後、女性専用フィットネス・カーブスのスーパーバイザーとなる。出産後は「子どもの近くで働き、女性に寄り添うサービスを提供したい」と考え独立。現在は、不用品仕分けサービスなどを行う「CureRe」の運営、ネイルケアサロン「エバーガール」の開業、ハンドメイドアクセサリー販売、各種執筆活動などを行っている。古物商。ライフオーガナイザー2級。メルカリ取引件数1,700件超えの経験を生かし、さまざまな媒体でメルカリ関連企画の解説を行っている。著書はKindle書籍『メルカリでお片づけ〜のこす・うる・送り出す〜』他多数。
https://evergirl.jp/
http://evergirl.tokyo/

【参考文献、サイト】
『2週間で人生を取り戻す！勝間式 汚部屋脱出プログラム』勝間和代（文藝春秋）
『人生がときめく片づけの魔法 改訂版』近藤麻理恵（河出書房新社）
『ライフオーガナイズの教科書』一般社団法人日本ライフオーガナイザー協会（主婦の友社）
『知識ゼロでも今すぐ使える！行動経済学見るだけノート』真壁昭夫（宝島社）
『しなやかに生きる心の片づけ』渡辺奈都子（大和書房）
メルカリガイド（https://www.mercari.com/jp/help_center/）

▶ 商品に関する問い合わせ先

このたびは弊社商品をご購入いただきありがとうございます。本書の内容などに関するお問い合わせは、下記のURLまたは二次元バーコードにある問い合わせフォームからお送りください。

https://book.impress.co.jp/info/

上記フォームがご利用いただけない
場合のメールでの問い合わせ先
info@impress.co.jp

※お問い合わせの際は、書名、ISBN、お名前、お電話番号、メールアドレス に加えて、「該当するページ」と「具体的なご質問内容」「お使いの動作環境」を必ずご明記ください。なお、本書の範囲を超えるご質問にはお答えできないのでご了承ください。
●電話やFAXでのご質問には対応しておりません。また、封書でのお問い合わせは回答までに日数をいただく場合があります。あらかじめご了承ください。
●インプレスブックス（https://book.impress.co.jp/books/1119101106）では、本書を含めインプレスの出版物に関するサポート情報などを提供しておりますのでそちらもご覧ください。
●該当書籍の奥付に記載されている初版発行日から3年が経過した場合、もしくは該当書籍で紹介している製品やサービスについて提供会社によるサポートが終了した場合は、ご質問にお答えしかねる場合があります。
●本書の記載は2020年2月時点での情報を元にしています。そのためお客様がご利用される際には情報が変更されている場合があります。紹介している手順やサービスの使用方法は用途の一例であり、提供会社が推奨する使用方法ではない場合があります。すべてのサービスが本書の手順同様に使えることや内容に関して何らかの保証をするものではありません。また、本書の利用により生じる直接的または間接的被害について、著者ならびに弊社では一切の責任を負いかねます。あらかじめご了承ください。

■ 落丁・乱丁本などの問い合わせ先
FAX　03-6837-5023
service@impress.co.jp
●古書店で購入されたものについてはお取り替えできません。

▶ STAFF
デザイン　　細山田光宣　奥山志乃（細山田デザイン事務所）
イラスト　　水谷慶大
DTP　　　　柏倉真理子
写真　　　　二宮明子　中野有紀子
編集　　　　田中淑美
編集長　　　和田奈保子

本書のご感想をぜひお寄せください

https://book.impress.co.jp/books/1119101106

アクセスは
コチラから

アンケート回答者の中から、抽選で図書カード（1,000円分）などを毎月プレゼント。当選者の発表は賞品の発送をもって代えさせていただきます。
※プレゼントの賞品は変更になる場合があります。

忙しい人のための
さくさく売れるメルカリ術

2020年3月11日　初版第1刷発行
2023年12月21日　初版第3刷発行

著者　　：中野有紀子
発行人　：小川 亨
編集人　：髙橋隆志
発行所　：株式会社インプレス
　　　　　〒101-0051
　　　　　東京都千代田区
　　　　　神田神保町一丁目105番地
　　　　　ホームページ https://book.impress.co.jp/

印刷所　株式会社ウイル・コーポレーション
ISBN978-4-295-00841-5　C2076

Printed in Japan